再生コンサルティングの質を高める

事業デューデリジェンスの実務入門

寺嶋直史 著
Naoshi Terajima

Business Due-diligence

中央経済社

はじめに

　1人でも多くのコンサルタントが，「1人」で「短期間」で「質の高い」事業デューデリジェンスを行うためのスキルを身につけることが，再生企業を再生させるために最も重要なことです．

　「事業デューデリジェンス」（以下「事業DD」と呼びます）という言葉は，事業再生に携わっているコンサルタントや関係者にとっては，よく使う言葉だと思います．しかし，その他のコンサルタントや経営者など，事業再生と無関係の仕事をしている方々にとっては，まったく耳にしたことがないというのが多いのではないでしょうか．

　事業DDとは，コンサルタントが企業を調査・分析し，その企業の事業のありのままの現状をあぶり出して，今後のあり方を示した「事業調査報告書」を作成することをいいます．この調査報告書は，その企業の経営状態や業務遂行状況を，経営・組織・営業・製造など，さまざまな視点から分析し，見える化した上で，今後の企業の方向性や施策などをまとめたものになります．

　ですから，事業DDという名称にはなっていますが，「企業を調査して，報告書にまとめる」という意味では，従来のコンサルティング手法とほとんど変わりません．

　ただ，異なる点があります．それは，調査対象となる企業が「再生企業」であるということです．

　再生企業とは，業績が悪化して赤字が続き，資金繰りが厳しく，銀行に対して約定通りの返済（銀行からの借入金に対する，毎月決まった額の元金と利息の返済）が困難な状況に陥った企業のことです．この再生企業を，通常の企業に再生させるための調査を行うのが事業DDであり，その

調査方法と報告書の中身が，一般のコンサルティングのものとは多少異なってきます。

　異なる点の1つは，調査開始から報告書作成まで，短い期間で実施する必要があるということです。なぜなら，再生企業は，すでに経営が切迫した状態のため，時間がなく，すぐに対策を打つ必要があるからです。また，事業DDを作成した後に，事業計画書（3～10年程度先までを予測した損益計算書（PL）。この将来のPLを作成することで，銀行は，その企業が現時点でどの程度返済能力があるかを確認し，その計画書に合わせて一定期間，返済額削減等の金融支援を行う）と，アクションプラン（再生のための具体的な行動施策で，誰が，何を，どのように，どの期間実施するかをまとめたもの）の作成を行う必要があるため，調査報告書の作成だけに多大な時間を費やすわけにはいかないのです。

　2つ目は，調査報告書が実際に企業の再生につながる必要があり，そのための分析を行わなければならない，ということです。事業DDの中で行う「分析」というのは，決してさまざまなフレームワークを多用することでも，「あるべき論」を主張するためのものでもありません。事業DDで行う分析とは，事業の中身から問題点を抽出して原因を究明すること，そして顧客のニーズに適合した強みを抽出すること，この2点です。事業DDでこの2点をしっかりと見出して初めて，再生に向けて，現在の問題を解決し，強みを活かした施策を行う道筋をつけることができるのです。

　私は，事業再生コンサルティングで，事業DDや，実際に再生企業の中に入って現場改善を行っています。その中で日々感じることがあります。それは，毎年中小企業を支援するためのさまざまな政策や体制ができていますが，まだいろいろと改善していかなければならない点がある，ということです。

　以下に，私が考える，事業再生の課題について記載します。

① 事業DDを行っても，問題点と強みの抽出が不十分なため，どのような改善策を実施すればよいかが不明確になって，現場改善につながらない。
② 事業DDの作成に，複数人で1ヶ月～2ヶ月程度要するため，費用が高くなり，規模が小さく資金力がない小規模企業はなかなか事業DDを受けられない。
③ 事業調査報告書が，再生企業向けではなく，銀行向けに作成されていることがあり，中身が難解である。
④ 指摘事項が，机上論やあるべき論となっているケースがあり，現場改善や成長の施策などの具体性が乏しい。
⑤ そもそも事業DDを実施しないで事業計画書を作成する場合も多く，「数値ありき」となってしまい，企業の抱える問題点や改善方法が不明確なまま計画を作成し，企業は銀行に「返済額」のみ確約させられる。そのため，事業計画で示した売上や利益を達成できないケースが多発している。

上記の課題が生まれる要因の1つは，コンサルタントが上記を克服できない状況にあることです。

多くのコンサルタントは，実践経験が足りず，1人で事業DDを作成できる者が不足しています。事業DDの市場はまだ「導入期」であって，一定レベルのスキルを持ったコンサルタントが足りていないのです。そしてもしコンサルタントが，スキルや経験が不十分なまま，完成度の低い事業DDを銀行や再生支援協議会（事業再生を統括する機関）等に提出してしまったら，「スキルの低いコンサルタント」としてレッテルを貼られてしまい，2度と依頼されなくなってしまいます。したがって，事業再生コンサルタントにとって，スキルアップ，つまり高品質な事業DDを行うスキルを身につけることは，最重要課題といえます。

しかし現在は，事業DDのノウハウを学ぶための適切な書物や機関がありません。例えば，教科書のような「フレームワーク（分析方法）」が多く掲載されていても，実際に実務で使用しない分析方法も多数掲載されていたり，具体的な使い方までは書かれていないため，どのケースで何のフレームワークを使用すればよいのか，具体的にどうやって使用するのかがはっきりせず，実務での活用が難しくなっています。また，文章や数式が中心で難読であれば，現場での活用方法がわからない以前に，読むだけで多大なストレスがかかって理解するのも困難になります。

多くの再生コンサルタントは，非常に志が高く，「何とか再生企業を救いたい」という強い思いを持って取り組んでいますが，レベルアップする方法が存在していないのが現状です。

こういった状況は，コンサルタントだけではなく，調査の対象となる再生企業にとっても，非常に不幸な状況だといえます。なぜなら，「企業」を「人（患者）」，「再生企業」を「重病患者」，「コンサルタント」を「医者」とみなすと，現在は，重病患者が医者にかかっても，再生を行える医者が足りず，適切な診断結果が受けられない，という状況だからです。この状況が続いたら，国がいくら優れた施策を打ち出しても，状況は大きく変わりません。この状況を是正するには，まずは1人でも多くのコンサルタントが，再生企業が実際に再生できるための，質の高い事業DDを行えるようにならなければなりません。

そして，その「質の高い事業DD」というのが，「細かいところまで徹底的に問題点を抽出して原因を究明し，他社との細かい差異まで探って強みを見出して，これらを踏まえた具体的な改善策や成長のシナリオが描かれた報告書の作成」なのです。なぜなら，本業の悪化は，さまざまな問題が積み重なっていて，それらが長い間繰り返されていった結果であり，これらの問題点とその原因は複雑にからまっているため，何か1つ2つ改善しただけでは，本業の再生には至らないからです。また，競争の激しい昨今

では，しっかりとした強みを活かしていかなければ市場で生き抜いていくのが困難だからです。そのため，実際に再生企業が再生していくためには，一つひとつの問題点を地道に改善していくこと，一つひとつ丁寧に売上向上の施策に取り組むことが重要になります。そして，その企業の問題点と強みを発見するのは，事業DDしかないのです。事業DDで問題点を明らかにしなければ，現場の支援に入っても，「問題点の改善」に取り組むことができないのです。

　そのため，事業DDでは，問題点と強みの抽出と，再生シナリオを描くことに思考を集中しなければなりません。再生企業が抱える問題点や強みは，1社1社異なります。ですから，決まった再生ストーリーというのはありません。1社1社固有の再生シナリオがあります。ここに，エネルギーを傾けなければなりません。「見た目のわかりやすさ」も重要ですが，中身に思考を集中させる必要があるのです。そのためには，このややこしい，複雑な事業DDの作成方法を体系化し，機械的に実施できるところは機械的に迅速に処理をして，単純化することです。そして，「『作り方』や『書き方』などでいろいろと悩みながら試行錯誤をする」という無駄な思考を排除し，「『事業の中身の分析』と『今後の施策の構築』に思考とエネルギーを集中させる」ことが重要なのです。

　本書で説明している，質の高い報告書の作成方法は，決して難解なものではありません。極めて単純化されています。つまり，まずはしっかりと問題点と原因，強みを丁寧に抽出することです。そうすることで，再生に向けたグランドデザインを描くことができ，具体的アクションプランを構築することができるようになります。全体像を描き，具体的な施策の提案ができるから，窮境要因除去の可能性（再生の可能性）の判断ができるのです。

　本書は，徹底的に「事業DDのやり方」「報告書の作り方」に焦点を当てています。そして，「1人」で「短期間」で「質の高い」事業DDができる

ようになるスキルを確実に身につけるために，さまざまな工夫をしています。

例えば，実務で活用する分析や項目のみを掲載して，使用する場面や使用方法も明確にしました。経営本には載っているが事業DDでは使用しない（使用する必要がない）分析方法は掲載していません。また，図解形式で，本書に掲載している図や表を，そのまま報告書に活用できるようにしているので，いちいち頭の中で加工したり，どの場面で使ったらいいか吟味する必要がありません。その他，事前準備にやるべきこと，ヒアリングのスキルアップの方法，報告書の作成方法と手順などが実務の流れに沿っているので，「知識を身につけるため」ではなく，「実務で使うため」の構成となっています。このように，超図解，かつ超実践の内容になっています。

そしてさらに，実際の成果物である「事例サンプル」，実際のヒアリングと事業DD作成にそのまま使える「事業DDフォーマット兼ヒアリングシート」，財務分析を行うための「財務分析シート」のダウンロードサービスをつけていますので，本書1冊だけで，1人で即座に事業DDに取り組める構成になっています。

続いて本書の構成ですが，大きく「基礎編」「ヒアリング編」「事前準備編」「作成方法編」「完成後編」の5つに分かれています。

第1章〜第3章は「基礎編」で，事業DD実施前に，おさえておくべき知識や内容を記載しています。

第4章は「ヒアリング編」で，事業を正確かつ詳細に把握し，かつ各機能から問題点や強みを一つひとつ丁寧に，確実に拾っていくためのヒアリング手法について記載しています。

第5章は「事前準備編」で，実際に調査に入り，企業に訪問する前にやっておくべきことを記載しています。

第6章〜第13章は「作成方法編」で，実際に事業DDを作成するための

ノウハウを，職種別，業種別に記載しています。

そして最後の第14章が「完成後編」で，事業DDが完成した後に作成する事業計画書とアクションプランについて，各々のポイントと，事業DDをどのように活かしていくかを記載しています。

1人でも多くの優秀な事業再生コンサルタントが生まれることで，事業再生の市場はさらに活性化します。そして今まで複数人で数ヶ月かかっていた事業DDの期間が短縮し，高品質化・低価格化も実現するので，今まで資金力が乏しくて事業DDが受けられなかった小規模企業でも，高品質な事業DDが受けられるようになります。「数値（計画）ありき」ではない，「まずは事業DDを行って事業の中身を改善すること」に焦点を当てた，適切な事業再生ができるようになります。その結果，1社でも多くの中小企業が，倒産を回避し，再生を実現して，健全に事業が運営できるようになります。これこそが本書のミッションであり，多くの再生コンサルタントが目指す理想の将来像です。

今はまだ，多くのコンサルタントは，事業DDに対して「非常に難易度が高くて手に負えない」という印象を持っているかもしれません。しかし，それは経験していないから思うことです。確かに事業DDは，調査対象が多方面に渡り，事前の知識なくやろうと思ってもいいものはできません。しかし，一つひとつやり方をおさえれば，短期間でレベルアップすることは十分に可能です。ポイントは，難しい内容を書くことではありません。「いかに多くの問題点と強みを見出すか」なのです。

決して本書に掲載されている手法がすべてではありませんが，まずは本書をしっかり理解し，本書に沿って一つひとつ丁寧に実施してください。その上で，問題点・原因と強みの抽出，そして再生の筋道を立てるのに思考を集中してください。本書にはオリジナルな分析方法をいろいろとご紹介しておりますが，慣れてくれば，これらをベースに，より良い方法を見出していくことができ，さらに，新たに最適な分析手法をご自分で見出す

ことができるようになります。これを繰り返すことで，最短期間でスキルが身につき，小規模な企業であれば，1人で，7日程度で事業調査報告書を完成させることができるようになります。

そして近い将来，「目の前の中小企業を救いたい」「1社でも多くの再生企業の再生を実現したい」という思いを持ったコンサルタントが，本書を活用して十分なスキルを身につけることで，より多くの「実力派」再生コンサルタントが生まれ，そして，より多くの再生企業を再生に導くことができるようになると考えています。

僭越ではありますが，本書によって1社でも多くの企業が再生し，日本の中小企業の発展のために少しでも貢献できることを願っています。

2015年5月

株式会社レヴィング・パートナー
代表取締役　寺嶋直史

目 次

第1章 事業再生とは — 1

- 1-1 中小企業の特性❶　所有と経営の一致　2
- 1-2 中小企業の特性❷　経営資源が乏しい　4
- 1-3 再生企業とは？　6
- 1-4 事業再生のポイント❶　再生には高い利益率が必要　8
- 1-5 事業再生のポイント❷
  入出金のタイミングが事業運営に影響する　10
- 1-6 事業再生のポイント❸　再生の第一歩は経費削減　12
- 1-7 事業再生コンサルティングの仕事とは？　14

第2章 事業デューデリジェンス（事業DD）とは？ — 17

- 2-1 デューデリジェンス（DD）とは？　18
- 2-2 事業DDとその必要性　20
- 2-3 事業DDの役割　22
- 2-4 事業DDの依頼先　24
- 2-5 事業DDの進め方　26

第3章 事業DDで知っておくべきフレームワーク — 29

- 3-1 事業DDでよく使うフレームワーク　30
- 3-2 フレームワーク❶　外部環境分析
  ——PEST分析，5フォース分析　32
- 3-3 フレームワーク❷　内部環境分析
  ——問題解決の手順，バリューチェーン，PDCA　34

3-4　フレームワーク❸　マーケティング
　　　──3C分析，4P／4C　36
3-5　フレームワーク❹　事業戦略
　　　──競争の基本戦略，アンゾフの成長戦略　38
3-6　フレームワーク❺　まとめ
　　　──SWOT分析　40

第4章　ヒアリング力向上が事業DDの品質向上の鍵 — 43

4-1　なぜヒアリングが難しいのか　44
4-2　ヒアリング力向上の必要性　46
4-3　ヒアリング7ルール❶～❸
　　　コンサル主導，大から小，不明点は即質問　48
4-4　ヒアリング7ルール❹　ヒアリングシートの活用　50
4-5　ヒアリング7ルール❺　問題点と強みの発見と深掘り　52
4-6　ヒアリング7ルール❻　目的を持つ　54
4-7　ヒアリング7ルール　深掘りのイメージ　56
4-8　ヒアリング7ルール❼　業務フロー図の活用　58

第5章　訪問前にやるべき事前準備 — 61

5-1　訪問前の事前準備❶・❷　会社概要，外部環境　62
5-2　訪問前の事前準備❸　財務分析　64
5-3　外部環境の調査方法　66
5-4　財務情報の調査方法　68
5-5　粉飾決算の見分け方　70

第6章　事業調査報告書の全体構成と会社概要 ── 73

- 6-1　事業調査報告書の全体構成　74
- 6-2　「Ⅰ　調査概要」の全体構成　76
- 6-3　「Ⅱ　会社の概要」の全体構成　78
- 6-4　会社概要　80
- 6-5　株主構成　82
- 6-6　組織概要　84
- 6-7　沿　革　86
- 6-8　事業構造の特徴　88
- 6-9　窮境の状況　90
- 6-10　窮境要因　92

第7章　事業調査報告書の外部環境分析 ── 95

- 7-1　「Ⅲ　外部環境分析」の全体構成　96
- 7-2　国内市場の景気動向　98
- 7-3　仕入先業界の分析　100
- 7-4　同業種の業界分析　102
- 7-5　競合他社分析　104
- 7-6　小売店分析　106
- 7-7　消費者動向の分析　108

第8章　事業調査報告書における収益構造の特徴 ── 111

- 8-1　「Ⅳ　収益構造の特徴」の全体構成　112
- 8-2　直近5年間の業績推移　114
- 8-3　経営指標❶　収益性分析　116

8-4　経営指標❷　効率性分析　118
8-5　経営指標❸　生産性分析　120
8-6　経営指標❹　安全性分析　122
8-7　経営指標❺　資金繰り状況，再生可能性指標　124
8-8　販売費および一般管理費の分析　126
8-9　顧客別分析　128
8-10　商品・サービス別分析　130

第9章　内部環境分析――経営，組織，人事　133

9-1　「内部環境分析」「経営，組織，人事」の全体構成　134
9-2　経営の基本概念　136
9-3　経営戦略，経営体制　138
9-4　数値管理　140
9-5　組織体制　142
9-6　人材，人事　144
9-7　社員の年齢，勤続年数，部門別人数　146
9-8　売上高と人件費の割合　148

第10章　内部環境分析――営業活動　151

10-1　「営業」の全体構成　152
10-2　営業の基本体制　154
10-3　営業活動　156
10-4　営業の業務フロー　158
10-5　営業資料　160
10-6　差別化の整理　162

10-7　営業管理　164

第11章　内部環境分析——製造活動　167

11-1　「製造」の全体構成　168
11-2　製造の基本体制　170
11-3　製造の業務フロー　172
11-4　在庫管理　174
11-5　労働時間管理　176
11-6　ロス管理　178
11-7　材料別ロス率の算出　180
11-8　原価の確認　182
11-9　原価計算❶　原材料費の算出　184
11-10　原価計算❷　労務費・経費，製品別原価と原価率の算出　186

第12章　業種別内部環境分析　189

12-1　旅館❶　内部環境分析の全体構成　190
12-2　旅館❷　マーケティング指標分析　192
12-3　旅館❸　顧客分析①　194
12-4　旅館❹　顧客分析②　196
12-5　旅館❺　ネットAC評点分析　198
12-6　旅館❻　ネットAG口コミ分析　200
12-7　旅館❼　顧客獲得のサイクル　202
12-8　小売❶　内部環境の基本情報　204
12-9　小売❷　店舗の機能　206
12-10　小売❸　マーケティングミックス　208

12-11　小売❹　店舗運営と店長の権限　210
12-12　小売❺　店員1人当たり売上高　212
12-13　小売❻　競合他社分析　214
12-14　卸売　卸売の機能と競合他社分析　216

第13章　事業調査報告書とSWOT分析 ───── 219

13-1　SWOT分析　220
13-2　今後の方向性　222
13-3　具体的改善施策（案）　224
13-4　窮境要因の除去可能性　226
13-5　サマリー　228

第14章　アクションプランと事業計画書 ───── 231

14-1　アクションプランの作り方　232
14-2　事業計画書の作り方❶　顧客別・商品別売上　234
14-3　事業計画書の作り方❷　予測PL　236

ケース・スタディ

事例①　食肉卸・小売会社　16
事例②　和菓子製造小売会社　28
事例③　水産加工会社　42
事例④　印刷会社　60
事例⑤　旅館　72
事例⑥　ホテル　94
事例⑦　建設会社　110
事例⑧　食料品スーパー　132
事例⑨　日用雑貨卸売　150
事例⑩　衣料品製造小売　166
事例⑪　コンクリート製品製造　188
事例⑫　ブライダル関連会社　218
事例⑬　清酒製造（酒蔵）　230
事例⑭　しいたけ栽培の農事組合法人　238

【読者限定特典】「事例サンプル」「事業DDフォーマット兼ヒアリングシート」「財務分析シート」のダウンロード方法　240

第1章

事業再生とは

1-1 中小企業の特性❶
　　　所有と経営の一致

1-2 中小企業の特性❷
　　　経営資源が乏しい

1-3 再生企業とは？

1-4 事業再生のポイント❶
　　　再生には高い利益率が必要

1-5 事業再生のポイント❷
　　　入出金のタイミングが事業運営に影響する

1-6 事業再生のポイント❸
　　　再生の第一歩は経費削減

1-7 事業再生コンサルティングの仕事とは？

1-1

中小企業の特性❶
所有と経営の一致

　「中小企業」「小規模企業」とはどういう企業を指すかというと，右図の通り，中小企業基本法で定義されています。このように中小企業と大企業は，従業員数や資本金の規模で区別されています。ただ，ここでは，事業再生のコンサルティングを行う上で，おさえておきたい中小企業の特性について説明します。

●**大企業は，所有と経営が分離されている**

　大企業の場合，所有と経営がしっかりと分離されています。企業を所有しているのは株主であり，多くの場合，大企業の社長は株主ではありません。大企業の社長は「サラリーマン社長」とも呼ばれたりする場合がありますが，株主から経営を任されて事業を運営しています。そのため，いくら業績を悪化させても責任の範囲は限定的であり，社長を退任するだけで，持ち家や預貯金など，個人の財産を取り上げられることはありません。また，経営を悪化させても，しっかりと巨額の退職金を手にできる場合が多いです。

●**中小企業は，社長が株主であり，連帯保証人**

　一方で中小企業は，大企業と異なり，所有と経営が分離されていません。社長が株主であることが非常に多いのが特徴です。この場合，企業は社長個人が所有して，社長自ら経営しているため，経営者個人と会社は一体であるとみなされます。さらに，中小企業が銀行から借入をする場合，社長個人が連帯保証人となります。つまり，業績が悪化して会社が銀行の借入を返済できなくなったら，社長自身が，個人で所有している家や土地を売却してでも，会社の借入を返済しなければならなくなるのです。途中

で社長をやめるだけでは済まされません。さらに，業績が悪化して銀行から借入できなくなったら，お勧めできませんが，社長個人でお金を借りて会社にお金を貸し出すことも行われています。会社を倒産させたら，社長は家や土地など，個人の資産すべてを失ってしまうからです。

このように，中小企業の社長にとって会社経営というのは，生活のすべてに影響するものなのです。

中小企業，小規模企業者の定義と企業数

中小企業の定義

業種	中小企業基本法の定義			法人税法による定義
	中小企業者		うち小規模事業者	
	資本金または従業員		従業員	資本金
製造業その他	3億円以下	300人以下	20人以下	1億円以下
卸売業	1億円以下	100人以下	5人以下	
サービス業	5,000万円以下	100人以下	5人以下	
小売業	5,000万円以下	50人以下	5人以下	

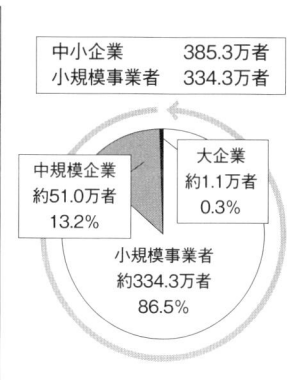

中小企業　　　385.3万者
小規模事業者　334.3万者

大企業　約1.1万者　0.3%
中規模企業　約51.0万者　13.2%
小規模事業者　約334.3万者　86.5%

	企業数	従業者数	付加価値額（法人のみ）		売上高（法人のみ）
			製造業	非製造業	
大企業	1.1万者	1,397万人	45.1兆円	80.0兆円	764.9兆円
中小企業	385.3万者	3,217万人	26.2兆円	121.0兆円	609.6兆円
うち小規模事業者	334.3万者	1,192万人	—	—	—

出所：2014年版中小企業白書

1-2
中小企業の特性❷
経営資源が乏しい

●ヒト・モノ・カネ・情報の経営資源が乏しい

　その他の中小企業の特徴として，ヒト・モノ・カネ・情報という，いわゆる「経営資源」が乏しいことが挙げられます。

　「ヒト」とは人材です。中小企業の場合，大企業に比べて，人材の獲得が難しく，かつ育成体制も不十分です。そのため，大企業の人材と比較して，スキルが不十分な場合が多く，現在でもパソコンも十分に使えない社員が多く存在します。パソコンが使えないと，書類やフォーマットの作成・変更にも非常に時間を要するため，業務の効率化や改善のスピードも遅れがちになります。また，スキルの高い人材も限られ，その人物が退社すると，後継者が育っておらず，スキルも共有できていないため，途端に強みを失い，業績が悪化するケースもあります。

　「モノ」とは施設や設備，商品です。大企業の場合，高性能かつ最新の設備を揃え，定期的に設備を更新して効率的に運営しています。一方で中小企業は，金銭面で設備投資を行う余裕がなく，昔の設備を繰り返し修理しながら使用しているケースが多いため，効率が悪く，品質は従業員の「職人の技」に依存することも多くなっています。また，商品開発力や材料等の調達力が低いため，商品力や品揃えが不十分です。

　「カネ」とは現預金のことです。中小企業は売上規模が小さいため，内部留保（今まで蓄積した現預金等）が少なく，業績が悪化すると一気に資金ショートに陥ることがあります。また，元々現金が足りていないケースがあり，通常の事業運営で仕入・販売を繰り返す中で，現金が不足してしまう事態に陥っていることもあります。

最後に「情報」とは，企業内外のさまざまな情報のことです。中小企業の場合，外部からの情報収集が不十分で，内部の情報についても収益管理や顧客管理のしくみが構築されていないケースが多くあります。そのため，これらの情報や数値を共有して経営や営業活動に活かす，という意識が欠如している場合が多くあります。

中小企業は経営資源に乏しい

① ヒト（人材）
・人材の確保ができない
・育成体制が構築できておらず，スキルが低い場合が多い
・一部の高スキルの人材に依存している
② モノ（施設・設備，商品）
・施設・設備が古く，性能が高くないため，非効率
・施設の修繕，設備の修理をしながら使用している
・商品力，品揃えが不十分
③ カネ（現預金）
・内部留保が少ない
・1度の業績悪化で資金ショートするケースがある
・通常の業務の中で，運転資金が不足するケースがある
④ 情報
・競合他社や業界等，外部からの情報に疎い
・内部の情報が整理できていない
・属人的で，情報が共有されていない

1-3 再生企業とは？

「再生企業」という言葉がありますが，その内容は曖昧で，明確な定義があるわけではありません。ただ，次の3つの事象が起きている状態に陥ったら，再生企業といえます。

●業績悪化

まず1つめは，業績が悪化している場合です。「業績悪化」とは漠然としていますが，目安としては，売上が減少し，営業利益，または経常利益が2期以上連続マイナスで，簡単に立ち直れない状況に陥っている状態，と考えてください。例えば，よくあるケースで，大口既存顧客の売上減少で売上全体が大きく落ち込んだ場合，従来の固定費を賄うことができなくなります。その状況で販管費の削減を行わず，そのままの状況を維持してしまうと，利益がマイナスの状態が続いてしまうことになります。

●資金繰り難

2つめが，資金繰りが厳しい状況に陥っている場合です。業績が悪化すると，キャッシュフローもマイナス，つまり，獲得する現金より支払う現金のほうが多くなり，事業を継続すればするほど現金が減っていく状況になります。その結果，現預金が少なくなり，資金繰りが厳しくなって，事業を運営するための必要資金が不足する，資金が底をついてしまう，という状況に陥ります。

●借入過多による返済難

そしてもう1つは，銀行から多くの借入をしていて，返済の負担が大きくなってしまい，約定通りの返済ができなくなっている状況に陥っている場合です。借入がなく，銀行への返済の必要がなければ，再生企業ではあ

りません。金融支援の必要性など，銀行が関与することが再生企業の特徴です。

　例えば，事業運営の中で資金繰りが厳しくなった場合，現預金を切り崩していかなければならなくなりますが，資金が不足してくると，銀行から運転資金の融資（短期借入金）を受けなければならなくなります。しかしそれを繰り返していると，当然借入金は膨らみ，返済の負担が大きくなります。そしていつかは銀行からの融資はストップし，返済が困難な状況になってしまうわけです。

再生企業とは

①	**業績悪化**
（例）	・売上高が大幅減少，あるいは減少傾向 ・営業利益・経常利益がマイナス ・販管費等の固定費削減の未実施で利益のマイナスが継続
②	**資金繰り難**
（例）	・キャッシュフローがマイナス ・現預金が減少 ・事業運営に必要な資金が不足
③	**借入金の返済難**
（例）	・運転資金の融資を繰り返し，融資がストップ ・現預金を切り崩して返済を続け，行き詰まり ・約定通りの支払利息・元金の返済が困難

1-4

事業再生のポイント❶
再生には高い利益率が必要

　再生企業の再生のためのコンサルティングに取り組む前に，知っておくべきポイントがいくつかあります。これらの中から重要な内容3点について説明していきます。

●**再生には高い売上高営業利益率が必要**

　1つめは，再生企業を再生させるためには，普通の会社よりも高い売上高営業利益率を獲得する必要がある，ということです。

　具体的な事例で見ていきます。右図の通り，A社とB社があります。A社とB社は，売上高と営業利益が同じで，売上高営業利益率が同等ですが，A社は健全な企業で，B社は元再生企業です。つまり，A社は長年一定の営業利益をキープし，安定した経営を行っている企業ですが，B社は，1度業績を大きく悪化させ，営業利益はマイナスで資金繰りが悪化，銀行から多額の借入で何とか賄っていた時期があり，それを乗り越えて，現在の，正常企業であるA社と同じ売上高と営業利益にまで回復した，という状況です。

　右図上段「借入金と利息」の通り，B社は銀行から多額の借入をしており，利率も高いため，支払利息の負担が大きくなっています。そして中段「PL」を見ると，A社とB社は同じ売上高・営業利益ですが，支払利息の負担が大きいため，B社だけ経常利益がマイナスに陥っています。なお，借入金の返済は，支払利息だけでなく，元金の返済も必要です。ただし，元金の返済は，PL（損益計算書）では表されず，CF（キャッシュフロー）計算書で表現されます。下段「キャッシュフロー」を見ると，B社は借入金が大きいため，元金返済の負担も重く，B社のCFは大きくマイナスとなっています。CFがマイナスであるということは，B社というのは，事

業を運営すればするほどマイナスが膨らみ，現金が減っていく会社である，ということになります。

A社とB社，収益状況は同じでも，借入返済の負担の大小で，このように大きく業績が変わってしまいます。そのため，B社は，健全な企業であるA社よりも，高い売上高営業利益率を獲得しなければ，健全な経営を取り戻すことができないので，金融支援が必要になるのです。

健全な企業と元再生企業の比較

借入金と利息

	A社 （健全な企業）	B社 （元再生企業）	コメント
借入金 （短期・長期）	300	1,000	借入金に大きな差がある
利率	3.0%	3.5%	再生企業は利率が高い
年間の支払 利息支払額	9	35	利息の支払で大きな差が出る

PL

	A社 （健全な企業）	B社 （元再生企業）	コメント
売上高	1,000	1,000	業績は，A社とB社はまったく同じ
営業利益	30	30	
売上高 営業利益率	3.0%	3.0%	
支払利息	9	35	上記より
経常利益	21	－5	同じ業績でも経常利益で大きな差が出る

キャッシュフロー

	A社 （健全な企業）	B社 （元再生企業）	コメント
経常利益	21	－5	上記より
元金支払 （20年返済）	15	50	元金支払額も大きな差が出る
現預金の差額	6	－55	元再生企業は，利息と元金の支払負担が大きく，現金をプラスにするのが難しい

1-5

事業再生のポイント❷
入出金のタイミングが事業運営に影響する

　ポイントの2つめは，モノを販売して入金されるまでの時期と，材料や商品を仕入れて支払う時期，この入出金のタイミングが，資金繰りに大きく影響する，ということです。

　右図は，上段が入金のほうが早い場合（パターン1）で，下段が入金のほうが遅い場合（パターン2）であり，各々について，売上が増加した時と減少した時の現金の差額を示したものです。

●入金が早い場合（パターン1）

　右図上段の，入金が出金より早いケースは，小売や飲食店，旅館など，主に顧客が一般消費者で，現金商売の場合が当てはまります。右図のxの時点では，入金と出金の差である（A）分の現金が残ります。そしてyの時点になると，売上が増加した場合は，現金が右図の（B）にまで膨らんでいます。反対に，売上が減少すると，現金は減ってしまい，右図の（C）にまで小さくなってしまいます。つまり，入金が早い企業の場合は，売上が増加すると現金が増加しますが，売上が減少すると，現金がさらに減少して資金繰りが厳しくなるのです。

●入金が遅い場合（パターン2）

　続いて右図下段の，入金が出金より遅いケースです。売掛金や手形を活用する法人向けの製造業等が当てはまります。この場合，入金時のy時点で，売上が減少すると，（E）の通り現金が増加しますが，反対に，売上が増加した時は，（D）の通り現金は減少してしまいます。さらに製造リードタイムが長引く等で納入が遅れると，入金は遅れ，資金繰りが厳しくなっていきます。このように，入金が出金より遅い製造業などは，売上

アップは喜ばしいことなのですが，大口顧客を獲得するなどして短期間で一気に売上が向上するような場合は，資金繰りが厳しい状況に陥り，運転資金で銀行からの短期借入が必要になるケースが出てきます。これは事業計画策定時に考慮しなければなりません。

入出金のタイミングの違いによるキャッシュフローの状況

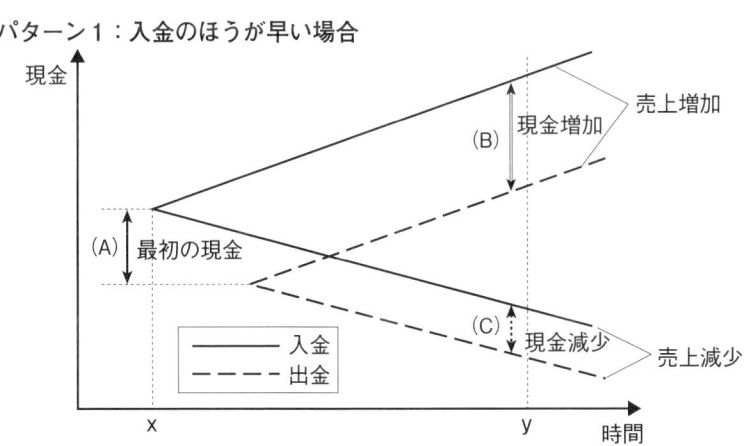

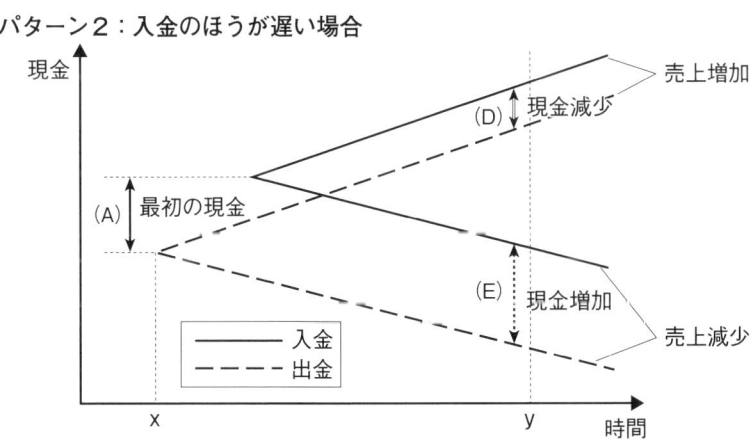

1-6

事業再生のポイント❸
再生の第一歩は経費削減

●売上アップではなく，まずは経費削減で短期改善を図る

　ポイントの3つめは，再生の第一歩は，まずは経費等を削減し，現時点での売上高で，しっかりと利益が出る体制を再構築することである，ということです。

　経費削減に取り組んでいない場合，売上が減少しているにもかかわらず，好調な売上を獲得していた時と同じように経費を使って，利益がマイナスになっている，という状況になっています。経費削減は即効性があるため，まずは経費削減に取り組むことが常套手段です。売上アップには時間がかかり，しかも確実性が低いため，「売上アップで再生を実現する」というシナリオは，売上のアップ分が借入の返済原資となるため，非常にリスクが高くなります。

　まずは，原価と販管費の各勘定科目を一つひとつ丁寧に確認して，余分な経費が使われていないかを探っていきます。そして，例えば会社の飲み代が会議に計上されているなど，即削減が可能なものがあれば，それを削減して無駄な出費を減らし，現金の流出を防ぐことを最初に実施します。不要な経費の削減を行い，それでも黒字転換できない場合は，さらに踏み込んで削減を試みる必要があります。例えば，社員やパートの時間管理を強化して余分な人件費を削減する，ほとんど使っていない社用車を売却する，清掃の業者委託をやめて自社で実施するなど，企業の状況に応じた経費削減の工夫はいろいろと考えられます。

　その他，再生に取り組むにあたり，リスケジュール（銀行への月々の元金返済の減額のこと。一般に「リスケ」という）等，金融支援を受けるこ

とになりますが，そうなると，社長自身は，多額の役員報酬を受け続けるわけにはいきません。金融支援を受けるのであれば，エチケットとして役員報酬の減額を要求される可能性があります。ただし，会社の状況や銀行の姿勢にもよりますが，社長の役員報酬が600～700万円程度であれば，削減要求はないように思われます。

業績悪化時の経費削減による利益状況

		業績好調	業績悪化	最初の取組み
売上高		100	60	60
原価・販管費	変動費	20	12	12
	変動費率	20%	20%	20%
	固定費	50	50	40
	合計	70	62	52
営業利益		30	−2	8

現在の実力値である，現在の売上高で，十分な営業利益が確保できるよう，まずは経費削減に取り組む

1-7 事業再生コンサルティングの仕事とは？

●現場改善が事業再生の基本

　事業再生のコンサルティングの基本は，何といっても企業の現場の問題点を改善し，事業を立て直して再生させることです。そのためには，基本的な流れである①事業DD⇒②アクションプラン作成⇒③事業計画書作成⇒④実行支援，の4工程をしっかりと踏むこと，そして一つひとつの工程にしっかり取り組むことが重要です。

　調査なしでいきなり実行支援（現場のコンサルティング）に入ってもうまくいきません。なぜなら，調査をしなければ，どこに問題が潜んでいるかがわからないからです。事業調査報告書は，病院のカルテのようなものです。つまり事業DDとは，精密検査とカルテ（診断結果と必要な治療方法）の作成なのです。患者（再生企業）は一人ひとり（1社1社）異なる病気（問題点）にかかっているので，しっかり検査（調査）をして，その人（企業）の病気（問題点）を見つけなければならないのです。

　再生企業には必ず内部に問題点が存在します。ですから，事業DDで，問題点を一つひとつ丁寧に拾っていき，各問題点の原因を究明しなければなりません。ただし，問題点の改善だけでは，再生は実現しません。企業の強みを見出し，その強みを活かした戦略および施策を構築しなければ，再生は実現しません。他社とのほんの少しの違いが強みになることも多々あり，社長自身も，自社の強みに気づいていないことが多いのです。

　表に出ていない，社長も知らない問題点と強みを見出す機会は，事業DDしかありません。事業DDなしでいきなり事業計画書を作らせてしまっては，かかっている病気が何かも検査しないで，患者自身に治させるよう

なものです。企業が風邪程度の軽い症状なら自力で治療できますが，症状が，専門家でないとわからない重い場合になると，自力で治すことはできません。

また，アクションプランでは，事業DDで抽出した問題点の改善と，収益向上のための施策の，具体的なシナリオを構築します。事業DDで，一つひとつ丁寧に問題点と強みを見出したから，実行可能で具体的なアクションプランが描けるのです。そして，その施策のシナリオを踏まえ，再生計画を策定した上で，実行支援を行うのです。事業再生コンサルティングというのは，この基本ステップをしっかり踏んで取り組むことが重要です。

事業再生コンサルティングの基本ステップ

① 事業デューデリジェンス
- 調査，報告書作成
- 「問題点」「強み」の発見

② アクションプラン
- 「問題点」の改善策の策定
- 「強み」を活かした施策策定

③ 事業計画書
- 部門別，商品別，顧客別の売上・利益計画
- 再生計画，経営改善計画

④ 実行支援
- 問題解決の支援
- 売上アップの支援

ケース・スタディ ■■■■■■■■■■■■■■■■■■■■■■■■■■■■■■

 食肉卸・小売会社

創　業	1940年代	社員数	11名
売上高	2億円	借入金	5億円
経営者	社長（80代男性），専務（60代長男）		

　住宅街の中にある小さなお肉屋さんの事例です。

　現社長のお父さんが創立した会社で，高価なブランド肉は取り扱わず，A4ランクのメスの肉にこだわった「厳選したおいしいお肉を適正価格で」が売りの会社です。決算上は，売上が3億円，営業利益が200万円以上もあり，長年黒字で業績は安定しているように見えるのですが，資金繰りが厳しい状況が長年続いているとのことでした。したがって，金融機関から継続的に借入をしていて，調査時の借入は5億円近くまで膨れ上がっていました。

　調査を進めていると，粉飾決算が判明しました。直近の売上は，3億円ではなく2億円で，1億円もの嵩上げです。営業利益も，200万円ではなく，▲1,700万円でした。しかも，現存する過去の決算書は1998年度（調査時は2013年）で，その時からすでに粉飾していたのです。社長は，いつから粉飾を始めたのか覚えていませんでした。

　結局，メイン行が借入金全額を肩代わりし，社長の資産（自宅等）を売却して借入金を一部返済し，経営を専務に完全承継してメイン行支援の元で事業を継続していくことになりました。今後は，徹底した経費削減に加え，惣菜や弁当の強化等，さまざまな売上アップの施策を展開していく必要があります。

第2章
事業デューデリジェンス（事業DD）とは？

2-1　デューデリジェンス（DD）とは？

2-2　事業DDとその必要性

2-3　事業DDの役割

2-4　事業DDの依頼先

2-5　事業DDの進め方

2-1
デューデリジェンス（DD）とは？

●デューデリジェンス（DD）とは？
　デューデリジェンス（DD）とは，簡単にいうと，対象となる企業を調査し，評価することです。事業や財務，法律等の分野において，ヒアリングや書類の確認，現地調査等を実施することで，対象となる企業の実態を見極めていきます。なお，デューデリジェンスは，事業再生やM&Aで実施されますが，その主な目的は，事業再生では「窮境要因の発見と，窮境要因除去の可能性および再生の可能性の検証」，M&Aでは「事業価値とリスクの評価」です。ちなみに本書では事業再生に特化して記述しております。また，デューデリジェンスは，文章では「DD」，口頭では「ディーディー」や「デューデリ」と略すことがあります。本書では，デューデリジェンスを「DD」と表示していきます。

●DDの種類
　DDの種類には，主に「事業DD」「財務DD」「法務DD」などがあります。
　財務DDは，主に会計士や税理士等の専門家が担当しますが，売掛金や在庫，土地・建物等の資産を再評価し，「簿価ベース」の決算書を「実態ベース」に作り直します。実は決算書のBS（貸借対照表）というのは，特に再生企業の場合，実態と大きくかけ離れている場合が非常に多いため，この財務DDで，現時点での企業の財務体質の実態を明らかにするのです。例えば，売掛金で，取引先の倒産等で入金できなくなったものを削除したり，土地の価格を現在の価値に置き換えて再評価するなどにより，BSやPL（損益計算書）を実態のものに作り替えていきます。再生企業の多くは，実態BSでは債務超過（負債の総額が，その企業の総資産を上回

る状態）に陥っているケースが多くなっています。

　法務DDは，弁護士等の法律の専門家が担当し，法的権利の有効性の評価や係争事件の有無，偶発債務等の潜在的な法務リスクの有無などについて確認していきます。例えば，契約書の内容についてチェックし，M&A等で買収された場合に買収企業にリスクがないか等を確認します。また，事業再生やM&Aのスキームで，法的処理が必要になる場合もあり，その際にも重要な役割を果たします。

デューデリジェンス（DD）の種類

事業面	事業デューデリジェンス
財務面	財務デューデリジェンス
法務面	法務デューデリジェンス

財務DD（例）

（単位：千円）

	H25.3期		
	帳簿価額 (A)	調整額 (B)	実態価額 (A)−(B)
流動資産	482,950	175,302	307,648
現預金	28,523	7,323	21,200
売掛金	158,570	25,700	132,870
棚卸資産	253,882	133,203	120,679
：			
有形固定資産	4,839,205	1,038,592	3,800,613
建物	1,839,203	489,101	1,350,102
構築物	539,923	33,892	506,031
土地	2,382,980	305,883	2,077,097
：			

2-2
事業DDとその必要性

●事業DDとは？

　事業DDとは，対象となる企業の「事業」について調査し，評価することで，「調査＋事業調査報告書作成」が事業DDの領域になります（アクションプランと事業計画の作成は「事業計画」の領域として扱います）。事業DDは，主に中小企業診断士や事業再生コンサルタントが担当します。右図に，事業調査報告書の全体構成（目次の大項目）を示します。

●事業DDの必要性

　事業DDでは，定量分析，つまり数値上の分析である財務分析を行います。財務分析では，収益性・安全性・効率性などについて分析することで，企業の収益状況や財務状態を客観的に評価します。これにより，会社の現状を客観的に捉えることができ，問題のある箇所をある程度特定することができます。しかし，数値でわかることはあくまで「結果」であり，その「要因」まではわかりません。結果の数値を引き起こした要因まで知るには，定性要因を探らなければなりません。それを行うのが事業DDなのです。そして，その定性要因を改善しなければ，数値上で良い結果を出すことができません。だから事業DDが必要なのです。

　例えば，ある企業で，直近で業績が悪化したとします。財務分析の結果で，その原因の1つが原価率の高騰であることが判明しました。しかし，財務分析でわかることはここまでであり，なぜ原価が上がったのか，その定性要因まではわかりません。材料の廃棄が増えたのかもしれませんし，仕入先が材料を値上げしたのかもしれません。製造部の社員の残業時間が増えた可能性もあります。その他，資金繰りが悪化した原因の1つが，売

上高の減少であることが，財務分析で判明しました。しかしその要因はわかりません。大口顧客の売上が減少したかもしれませんし，そうだとしたら，なぜその顧客の売上が減少したかがわかりません。得意先の業績悪化なのか，他社に奪われたのか，あるいは競争の激化で単価が下がった可能性もあります。問題の原因によって，その改善策も変わってきますので，原因を探らなければ，対策することができません。だから，事業再生には事業DDが必要不可欠なのです。

　このように事業DDでは，事業の定性要因を探っていくことで，見えていないものを「見える化」し，実際に見えているものの情報と合わせて，今後の事業運営で活用できる状態にきっちり整理して，事業DDの成果物である事業調査報告書にまとめていきます。

事業調査報告書の全体構造

サマリー
- Ⅰ　調査概要
- Ⅱ　会社概要
- Ⅲ　外部環境分析
- Ⅳ　収益構造の特徴
- Ⅴ　内部環境分析
- Ⅵ　SWOT分析
- Ⅶ　窮境要因除去の可能性と今後の方向性

2-3 事業DDの役割

●事業DDの役割とは

　事業DDの役割は，大きく3点あります。

　1つめは，企業の問題点と原因，強みを究明することです。

　事業再生の基本は「問題解決」です。再生企業はさまざまな問題点が積み重なって業績が悪化しており，各問題点の原因も異なっており，かつ複雑にからまっています。1つの原因が複数の問題を引き起こしている場合や，複数の原因によって1つの問題が発生しているケースがあります。そのため，1つ2つの改善だけでは再生の実現は困難です。その他，いろいろなフレームワークを駆使し，分析しても，何が問題なのかが不明確であれば，具体的な改善の施策（問題解決）が導き出せません。ですから，1つひとつ丁寧に問題点を拾っていき，それらの原因を究明することが重要なのです。ヒアリングしながら原因を究明することで，改善のイメージまで持つことができ，再生に導くアクションプランを詳細に提案することができます。このように，ヒアリングの段階で改善のイメージを持つことが重要であり，そのために，しっかりと問題点を抽出し，原因まで究明することが必要なのです。

　また，経営戦略の基本は「強みを活かして戦うこと」です。強みが不明確であれば，戦略を描くことが難しくなりますが，会社自身が，自社の強みが何なのかを理解し，それを丁寧に抽出しなければなりません。なお，強みとは，「競合他社より優れていること」と「顧客にとって価値のあるもの」の双方が成り立つものでなけれなりません。競合他社が当たり前にできるものや，顧客にとって価値のないものであれば，それは強みではあ

りません。

　続いて2つめの役割は，再生可能性の判断です。実は，極端な見方をすると，ほとんどの会社は，社長のやる気さえあれば，再生可能であるといえます。ただし，銀行が再生を支援する姿勢であることが条件になります。例えば，売上が大幅に減少して業績が悪化しても，大幅に経費を削減して規模を縮小し，売上が下がった状態でも利益が出るようにすればいいのです。しかし，売上規模が小さくなれば，借入している銀行に対し，今後約定通りの返済ができなくなります。それでも銀行が支援するのであれば，再生は可能になります。つまり，最終的な結論はほとんどのケースで，「再生は可能であるが，銀行の支援と，さまざまな課題をクリアしていくことが条件である」ということになります。ただし，この判断をするためには，コンサルタント自身が，再生のシナリオを描いていることが前提になります。

　そしてもう1つの役割は，今後の方向性・施策の構築です。施策の構築とは，前述した通り，具体的には「問題点の改善策」と「強みを活かした施策」の構築です。再生企業にはさまざまな問題点，窮境要因があり，まずはしっかりとこれらを改善し，窮境要因を除去して，正常化する必要があります。しかし，問題の改善だけでは，多大な借入の返済負担を賄いきれないため，強みを活かした施策を構築する必要があるのです。これらは，顧客の望ましい姿を描いて現状とのギャップを埋める，つまり，ゴールを描いてそこに到達するための具体策を構築することです。この作業は，コンサルタントに多くの知識と経験を必要とします。

事業DDの役割

① 企業の問題点と原因，強みの発見
② 再生可能性の判断
③ 今後の方向性・施策案の構築

2-4
事業DDの依頼先

●事業DDの４つの依頼先

　事業DDの依頼は，概ね４つのルートが存在します。

　１つめの窓口は，中小企業再生支援協議会（以下，協議会）等の，国の機関です。協議会は，中小企業の再生支援業務を行う者として認定を受けた，商工会議所等の認定支援機関の受託機関として，同機関内に設置されていて，全国47都道府県に１ヶ所ずつ設置されています。主な業務内容は，銀行間を取りまとめて企業の再生を円滑に進めることです。再生企業というのは，通常複数の銀行から借入をしており，各銀行に毎月決まった額を返済しています。そして，約定通りに返済できなくなった時に，協議会が，再生企業のリスケジュールなどの金融支援を複数銀行まとめて実施するために，取りまとめを行うのです。

　もし協議会がなければ，再生企業は，返済金額の削減案について，すべての銀行に納得してもらうために，銀行１社１社と交渉しなければならなくなるため，多大な負担が発生してしまいます。銀行は横ならびの意識が高いため，１行でも納得しなければ，その削減案はまとまりません。もし１行でも説得に失敗したら，その１行に納得してもらう改善案を改めて提示し，また１行ずつ説得にまわらなければならないのです。これでは，銀行交渉に時間と労力がかかって実務どころではなくなり，再生への取組みが疎かになってしまいます。

　国の機関は協議会の他に，東日本大震災事業再生支援機構（以下，震災支援機構）があります。震災支援機構は，震災の被害を受けた事業者の再生のために，金融機関等が有する債権の買取りによる債務の負担軽減等に

よって再生を支援することを目的とする株式会社です。

　続いて，銀行から直接依頼がくるパターンです。1行取引の場合は，銀行と契約を締結しているコンサルタントへ直接依頼するケースが多くあります。

　その他，メイン銀行がメガバンクの場合は，銀行から積極的な支援が受けられないことがあります。その際，税理士事務所や再生企業本体から，直接再生コンサルタントへ依頼することもあります。この場合，資金繰りがかなり厳しい状態にまで収益状況や財務状態が悪化している企業が多く，来月にも資金ショートする，という緊急事態の場合もあります。ここまで緊迫した状態では，事業DDの前に，まずは資金繰りの緊急対策等，現場支援が必要になります。

事業DDの依頼先

再生企業 → 銀行 → 協議会・震災支援機構 → 事業再生コンサルタント

再生企業 → 銀行 → 事業再生コンサルタント

再生企業 → 税理士法人 → 事業再生コンサルタント

再生企業 → 事業再生コンサルタント

2-5
事業DDの進め方

●**事前準備が重要**

　事業DDの依頼を受けたコンサルタントは，企業を訪問し，調査に入るわけですが，調査を行うにはしっかりと事前準備が必要です。何も知らない状況でヒアリングに入ったら，わからないことだらけなので，詳細な情報収集が困難になります。そのため，その企業の概要や業界特性など，訪問前にある程度の情報をおさえておくことが望ましいといえます。作業期間は2～3日が目安です。なお，事前準備の詳細は第5章で説明します。

●**調査・報告書作成**

　事前準備ができたら，調査，ヒアリングに入ります。ヒアリングの対象は，規模が大きい企業であれば，社長個人で把握している内容が限定されるため，各部門の部門長などからヒアリングを受ける必要があります。売上規模が数千万円～数億円程度であれば，社長と，後1～2人からヒアリングを受けられれば足ります。ヒアリングの対象が社長1人だと，社長の情報が思い込みやプライドが入っている場合が多いため，正確な情報が収集できない恐れがあります。そのため，可能な限り複数人からヒアリングを行うよう試みます。ただし，事業再生の場合，社長が社員に状況を知られたくないという理由で，社員へのヒアリングは拒否されることもあるため，その場合は，可能な範囲でヒアリングを行います。調査期間は3～5日間が目安です。なお，ヒアリングのテクニックについては，第4章で詳しく説明します。

　次に，調査報告書の作成に入ります。ヒアリングと調査報告書作成は同時並行で実施していきます。期間は3～5日が目安です。なお，調査報告

書の書き方は，第6章以降で詳しく説明します。

続いて，事業計画書とアクションプランを作成します。ちなみにこれらは「事業計画」の領域となり，厳密には「事業DD」の領域外になりますが，事業調査報告書とアクションプラン，事業計画書は「3点セット」と言われることもあり，合わせて作成することが多いです。アクションプランは1～2日，計画作成は2～5日が目安です。これらは第14章でポイントを説明します。

なお，これらの実施期間の目安は，ある程度慣れた上での目安です。最初のうちはこの期間を気にせず，時間がかかっても質を重視し，自分が納得できるまで丁寧に行うことが大事です。

事業DDの進め方

順序	実施内容	実施期間の目安	領域
①	事前準備 ・会社情報 ・財務分析 ・外部環境分析	2～3日	事業DD
②	調査（ヒアリング・現地視察）	3～5日	事業DD
③	事業調査報告書作成	3～5日	事業DD
④	アクションプラン作成	1～2日	事業計画
⑤	事業計画書作成	2～5日	事業計画

ケース・スタディ

事例2　和菓子製造小売会社

創　業	1880年代	社員数	28名
売上高	1億3,000万円	借入金	1億2,000万円
経営者	CEO（30代男性）		

　地方のある駅近くの，老舗の和菓子製造小売店の事例です。

　現CEOの叔父が1994年から十数年間程度社長をしていたのですが，短期間で無理な多店舗展開を行って借入が膨らみ，闇金にも手を出してしまいました。返済が滞り，激しい取立てを受けて会社は混乱し，事業が崩壊寸前となりました。そのような状況の中，叔父に代わって現CEOが経営を引き継ぎました。まずは闇金の借入を，裁判や個別交渉で，短期間で完済しました。その後事業を立て直し，地元産の高級素材にこだわった新商品を開発して次々にヒットを飛ばし，業績が回復しつつある中，東日本大震災で店舗の破損等の被害を受けました。

　調査の結果，商品力は向上したのですが，製造現場は手付かずのままでした。生産管理機能がなく，何をいくつ作るかはその日の在庫を見て個別に決めていました。原価管理がなく，商品個別の儲けが不明確でした。在庫管理もなく，在庫は膨れ上がり，ロスも多く発生していました。品質管理も不十分で，商品の品質にムラがありました。商品は100種近くにまで増え，どの商品が儲かっているのか誰も把握していませんでした。

　今後の改善策の1つとして，製造現場の管理体制，商品の収益管理体制など，きめ細かい管理体制の構築が挙げられます。

第3章
事業DDで知っておくべきフレームワーク

- 3-1 事業DDでよく使うフレームワーク
- 3-2 フレームワーク❶
  外部環境分析──PEST分析，5フォース分析
- 3-3 フレームワーク❷
  内部環境分析──問題解決の手順，バリューチェーン，PDCA
- 3-4 フレームワーク❸
  マーケティング──3C分析，4P／4C
- 3-5 フレームワーク❹
  事業戦略──競争の基本戦略，アンゾフの成長戦略
- 3-6 フレームワーク❺
  まとめ──SWOT分析

3-1
事業DDでよく使うフレームワーク

　事業DDの中身に入る前に，事業DDでよく使用するフレームワークについてまとめておきます。

●さまざまなフレームワークがある
　一般的に企業調査や戦略構築のコンサルティングでは，さまざまなフレームワークが活用されます。フレームワークとは，戦略構築や分析等を行う際に，ベースとなる規則，枠組みのことで，分析や戦略の構築を効果的に実現するものです。事業DDでは，調査報告書でそのままフレームワークを活用する場合が多いですが，そうでないものもあります。つまり，フレームワークの「形」として調査報告書に明記はしませんが，分析や今後の戦略を策定する上で，頭の中でフレームワークを活用する場合や，整理の仕方で参考にする場合もあります。

●フレームワークを効果的に使うには？
　フレームワークというのは，ただ使うだけでは，フレームワークで用意された「箱」に情報を入れ込むだけの「作業」になってしまいます。それでは，そこから何が導き出されるかがわからず，単に「情報の整理」をしただけになって，「分析」したことにはなりません。何のためにそのフレームワークを使うのか，そしてそのフレームワークを活用した結果何がわかるのかが不明確であれば，活用する意味がなくなってしまいます。したがって，調査報告書では，フレームワークを明記すればよいわけではなく，目的に応じて的確なフレームワークを活用し，しっかりと分析結果を見出すことが重要になります。
　フレームワークは，ただ知っているだけでは使えません。事業DDで

しっかりと分析結果を導き出すには,「知っている」⇒「中身を理解する」⇒「使い方を理解する」⇒「どこで使用すべきかを把握する」⇒「使いこなす」にまでレベルを上げていかなければなりません。

　本書が推奨する,事業DDで知っておくべきフレームワークの一覧は下図のとおりです。次項以降,各々のフレームワークについて説明していきます。

事業DDで活用するフレームワーク

外部環境分析	PEST分析
	5フォース分析
内部環境分析	問題解決の手順
	バリューチェーン
	PDCA
マーケティング	3C分析
	4P／4C
事業戦略	競争の基本戦略
	アンゾフの成長戦略
まとめ	SWOT分析

フレームワーク活用レベル

知っている
↓
中身を理解する
↓
使い方を理解する
↓
どこで使用すべきかを把握する
↓
使いこなす

3-2

フレームワーク❶
外部環境分析──PEST分析，5フォース分析

●PEST分析

　PEST分析とは，Politics（政治），Economics（経済），Society（社会），Technology（技術）の頭文字を取ったもので，企業を取り巻くマクロ環境のうち，これら4つの観点で，現在ないし将来の企業活動に対して，プラス・マイナスの影響を与える可能性のある事象を把握し，その影響度や変化を確認する手法のことです。PEST分析のポイントは，各項目について，業界全体や会社経営に影響を与えるようなトレンドや環境変化を捉えることです。事業再生コンサルタントは，対象企業の業種の専門家ではない場合が多いため，これらを調べるよりは，その業界に精通している社長にヒアリングして確認するほうが効率的です。

●5フォース分析

　5フォース（ファイブフォース）分析とは，業界の競争状況を決める5つの競争要因から，業界構造を分析する手法のことです。

　外部環境分析では，この5フォースをベースに分析を行いますが，実際に分析対象になるのは，供給業者（仕入業者），自社の業種，競合他社，買い手（販売業者）の業種だけで，新規参入企業と代替品については省略してもかまいません。

　仕入先の業界の分析は，調査対象が専門の卸売業や小売業の場合は，取り扱う商品のメーカーの業界の分析が必要になります。一方で，調査対象がメーカーの場合は，仕入先の業界よりも，主要材料の価格変動の分析のほうが有効です。また，同業では，競合分析が非常に重要になります。なぜなら，競合他社にはない「強み」の抽出が，事業DDの大きな目的の1

つだからです。その他，食品メーカーなど，製造している商品が一般消費者向けの場合は，販売業者の先の「消費者」の動向についても分析したほうが好ましいでしょう。

PEST分析（例：生肉小売）

	主な視点	＋（機会）	－（脅威）
P (Politics) 政治	法規制（規制強化，緩和）裁判制度・判例，税制政権体制（政界の動向）公的補助，助成金	・規制緩和による税率低下	・TPPで肉類の輸入増加 ・消費税増加による中価格帯の需要減少
E (Economics) 経済	経済成長率，失業率物価（インフレ・デフレ）景気，業界動向ブーム・流行，各指標	・日本食ブームによる海外需要の増加 ・地域ブランドの注目度向上による需要の増加	・円安による飼料の価格高騰 ・電気代高騰
S (Society) 社会	人口動態，出生率世論，社会的意識治安，自然環境生活習慣	・消費者の健康志向	・高齢化社会，少子化 ・若者のこだわりの無さによる「国産」への優位性低下
T (Technology) 技術	新技術開発，普及率特許，技術革新代替技術新素材，エネルギー	・新飼料開発による品質向上，加工費削減	

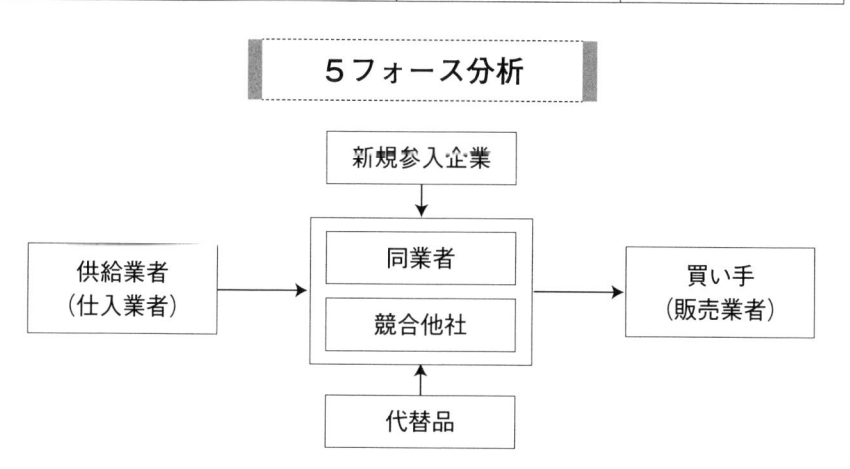

5フォース分析

```
              ┌──────────────┐
              │  新規参入企業  │
              └──────┬───────┘
                     ↓
┌──────────┐   ┌──────────┐   ┌──────────┐
│ 供給業者  │ → │  同業者   │ → │  買い手   │
│(仕入業者)│   │ 競合他社  │   │(販売業者)│
└──────────┘   └──────┬───┘   └──────────┘
                     ↑
              ┌──────────────┐
              │    代替品     │
              └──────────────┘
```

3-3

フレームワーク❷
内部環境分析──問題解決の手順，バリューチェーン，PDCA

● 問題解決の手順

　事業DDで最も重要なフレームワークが，この問題解決の手順です。常に右図の思考の流れで，ヒアリングし，分析し，改善策を導き出すことが重要になります。コンサルティングの基本のフレームワークです。

● バリューチェーン

　バリューチェーンとは，事業活動を機能ごとに分解し，各機能で，どの部分に強み（付加価値）・弱み（問題点）があるのかを分析して，事業の今後の成長や改善策を探るものです。事業DDの内部環境分析は，右図のようなバリューチェーンのフレームワークは活用しませんが，基本的にバリューチェーンの考え方で分析を行います。具体的には，企業活動全体を組織・営業・製造等の機能に分解し，各機能をさらにさまざまな項目に分けて，各項目について現状を分析していきます。

● PDCA

　PDCAとは，Plan（計画），Do（実行），Check（検証），Action（改善行動）の頭文字を取ったもので，計画を立て，実行し，その実行結果を検証して，改善すべき内容は改善する，という一連の企業活動のサイクルを表しています。「組織」という機能を分析する場合，PDCAが回るしくみが構築できているかが大きなポイントになります。具体的には，右図の通り，商品別あるいは顧客別の実績を，予算と前年実績とで比較し（定量分析），予算未達あるいは前年比減少の要因を探って（定性分析）改善策を導き出し，改善行動を実行します。この一連の流れが，組織内で確立していることが，経営では極めて重要になります。そして多くの再生企業は，

このPDCAが回るしくみが確立されていません。そのため，タイムリーな現状把握ができず，業績は悪化しているのはわかるのですが，なぜ業績が悪化しているのか，どこが悪いのかがわからず，結局何の改善策も実施されずに，益々悪化の一途をたどるケースが非常に多いのが現状です。

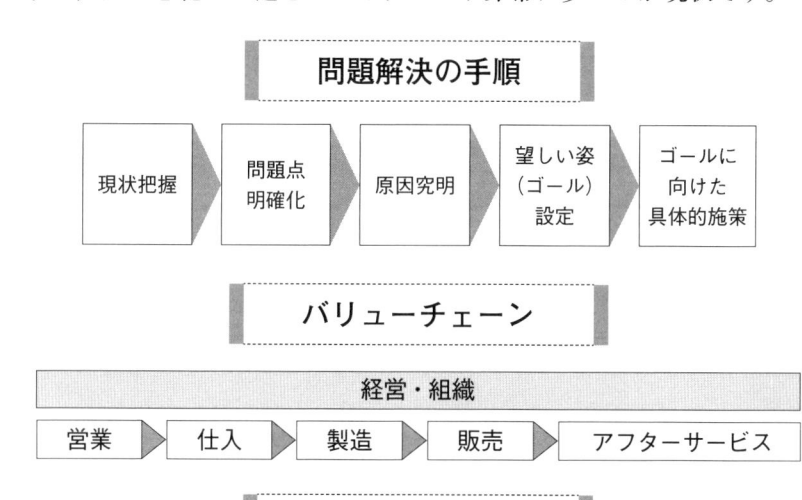

問題解決の手順

現状把握 → 問題点明確化 → 原因究明 → 望しい姿（ゴール）設定 → ゴールに向けた具体的施策

バリューチェーン

経営・組織

営業 → 仕入 → 製造 → 販売 → アフターサービス

PDCAサイクル

① 予実管理（定量分析）

	4月				
	実績	予算	差	前年同月	差
東京機械	3,482	3,500	−18	3,582	−100
神奈川製作所	2,983	3,000	−17	3,255	−272
埼玉機器	2,934	2,500	434	2,391	543
群馬電気	1,855	2,000	−145	2,052	−197
…					

⇒顧客別（商品別等）の予算策定，毎月実績と予算，前年同月の差異を算出

② 要因分析（定性分析）
⇒実際の現場の内容を確認し，予算未達，前年同月比減少の要因を確認

③ 改善施策の構築，実行
⇒問題点の改善策を構築し，翌月改善行動を行う。これを毎月繰り返す

フレームワーク❸
マーケティング──3C分析，4P／4C

●3C分析

　3C分析とは，Company（自社），Competitor（競合他社），Customer（顧客）の頭文字を取ったもので，市場機会がどこにあるかを検証するツールです。3C分析は，右図のフレームワークを活用するのではなく，真の強みを見出すための考え方として活用します。具体的には，自社の強みと弱み，競合の強みと弱み，顧客のニーズとウォンツを抽出して，自社の強みと顧客のニーズ・ウォンツのみが重なる領域である「市場機会」がどこなのかを探ります。つまり，「競合他社より優れていること」と「顧客にとって価値があるもの」の双方が成り立つ「強み」を発見して，その企業がどこで勝負すべきかを見出すということです。

　この3C分析のフレームワーク自体は事業DDで使用しませんが，この考え方は非常に重要であり，各種分析や今後の戦略構築の際に，この3C分析を念頭に置いて考察します。市場機会を発見することで，今後の成長戦略を描くことができるのです。

●4P／4C

　4Pとは，Product（製品），Price（価格），Place（流通・販路），Promotion（販促）の頭文字を取ったもの，4Cとは，Customer Value（顧客の価値），Customer Cost（顧客のコスト），Convenience（利便性），Communication（コミュニケーション）の頭文字を取ったものです。

　そして企業視点である4P，顧客視点である4Cの切り口で，それぞれ情報を整理します。まずは企業視点ですが，自社の製品を4Pの切り口で整理して，企業の独自性（強み）が発揮できているか，競合より劣ってい

る問題点（弱み）は何かを抽出します。その上で，顧客視点で，4Pの各項目に対応する4Cの各項目について，顧客にとっての優位性・劣位性を整理します。そうすることで，強み・問題点といった企業の視点だけでなく，企業の強み・問題点がどのように顧客の優位性・劣位性につながっているかを検証することができます。

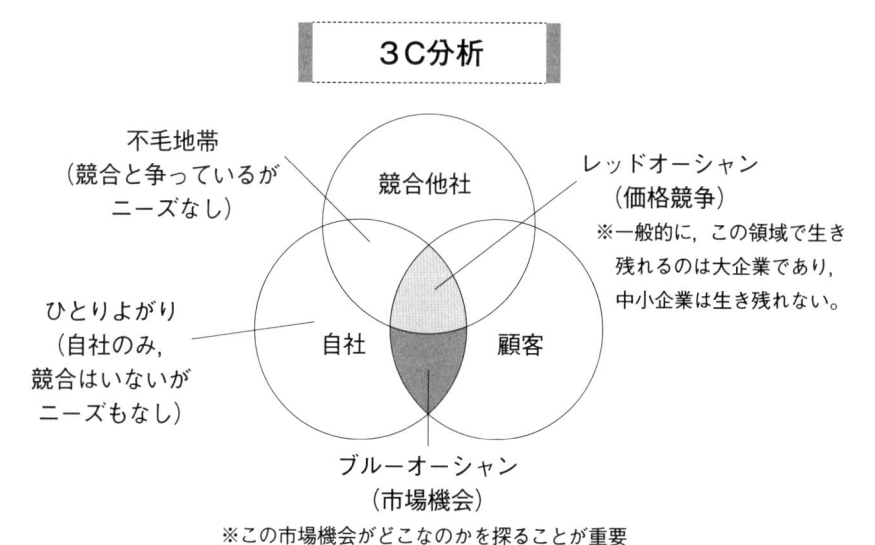

3C分析

- 不毛地帯（競合と争っているがニーズなし）
- レッドオーシャン（価格競争）
  ※一般的に，この領域で生き残れるのは大企業であり，中小企業は生き残れない。
- ひとりよがり（自社のみ，競合はいないがニーズもなし）
- 競合他社
- 自社
- 顧客
- ブルーオーシャン（市場機会）

※この市場機会がどこなのかを探ることが重要

4P／4C

	4P（企業の視点）		4C（顧客の視点）	
製品 Product	製品ラインナップ，特徴，品質，使い勝手，デザイン，材料，産地，製法		顧客の価値 Customer Value	機能的価値，情緒的価値，価値イメージ
価格 Price	標準価格，値引価格，仕入価格，支払方法，取引条件		顧客のコスト Customer Cost	心理的ハードル（不安感など），物理的コスト（距離，時間，金）
流通・販路 Place	流通チャネル，流通範囲，店舗立地，搬送方法，買い方		利便性 Convenience	使いやすさ，近づきやすさ，アクセスしやすさ
販促 Promotion	営業活動，重要顧客有無，人脈，広告，広報，DM，HP，SNS		コミュニケーション Communication	SNS・各種イベントによる接触

3-5

フレームワーク ❹
事業戦略——競争の基本戦略，アンゾフの成長戦略

●競争の基本戦略

　競争の基本戦略とは，競合他社に対して優位性を築くための戦略パターンのことで，競争戦略の基本型として，「差別化戦略」「コストリーダーシップ戦略」「集中戦略」の３つのパターンが存在します。

　中小企業が取るべき基本戦略は「差別化戦略」です。前述の３Ｃ分析でも説明しましたが，競合他社にない，顧客のニーズに適合した自社の強みを見出して，その市場で戦っていくことが，企業を再生させ，成長させていくための基本となります。ただし，市場を細分化して，その市場において差別化していくという面では，「集中戦略」とも言えます。したがって，事業ＤＤで構築する戦略は，基本的に差別化戦略でよいのですが，具体的な施策として，ターゲットを絞った販促活動を行う必要が出てくるため，集中戦略の要素も含まれる「差別化集中戦略」ということになります。

●アンゾフの成長戦略

　アンゾフの成長戦略とは，製品と市場との組み合わせについて，今後の経営戦略の方向性を決めるためのツールで，「市場浸透戦略」「新製品開発戦略」「新市場開拓戦略」「多角化戦略」の４つのパターンがあります。

　アンゾフの成長戦略を示す右図のフレームワークは活用しませんが，今後の方向性を検討する際に考慮します。例えば，他社には負けない，顧客のニーズに適合した強みを持ちながら，顧客に伝わっていないという問題点を抱えている場合は，「市場浸透戦略」で，差別化要因を大々的に発信する販促を実施する施策を構築します。また，従来の製品で，今までのターゲットではない，新たな顧客層を狙っていく場合や，新たな地域で営

業活動を実施していく場合は,「新市場開拓戦略」となります。このように,事業DDで現状を分析して,当該企業がどの方向性で戦えば勝てるかを,このフレームワークを使って見出していくわけです。

報告書の「今後の方向性」やアクションプランの策定の際,ただ単に施策を決めるのではなく,まずはこれらの基本戦略と成長戦略を念頭に置いて個別の戦略を立案し,それを踏まえて施策を検討することが重要です。

競争の基本戦略

コスト・リーダーシップ戦略	差別化戦略
集中戦略	
コスト集中	差別化集中

アンゾフの成長戦略

| | | 製品・サービス ||
		既存	新規
市場顧客	既存	市場浸透戦略	新製品開発戦略
	新規	新市場開拓戦略	多角化戦略

3-6

フレームワーク❺
まとめ──SWOT分析

●SWOT分析

　SWOT分析（スウォットぶんせき）とは，強み（Strength），弱み（Weakness），機会（Opportunity），脅威（Threat）の頭文字を取ったもので，事業DDでは，分析の総まとめで使用します。なお，このSWOT分析は，さまざまな分析のフレームワークの中でも，特に使用頻度が高いフレームワークです。

　内部環境分析で分析した結果について，その企業の強みを「強み」に，競合他社と比較して劣っている点や改善すべき問題点，その原因を「弱み」に，機能別にまとめます。したがって，SWOT分析の強みと弱みを見れば，事業DDで分析した，当該企業の強みと問題点が一覧できることになります。

　外部環境分析では，5フォース分析やPEST分析でさまざまな視点で分析しますが，自社にとって優位に働く状況を「機会」，不利になる状況を「脅威」にまとめます。そして今後の戦略については，「強みを活かし，機会を捉える」ことが基本となります。

　なお，内部環境分析と外部環境分析の区別は，自社でコントロール可能かどうかがポイントになります。つまり，自社でコントロール可能な内容は内部環境，自社でコントロールできない内容は外部環境になります。したがって，顧客のニーズやウォンツの変化は，外部環境の「機会」か「脅威」のいずれかに該当することになります。

　その他，右図下段のように「クロスSWOT分析」という戦略を立案する手法があります。このクロスSWOT分析で最も重要な視点が「強みを活かして機会をつかむ方法」です。ただし，この分析では具体的な施策は

構築できません。具体的施策はあくまでコンサルタントの経験とノウハウから導き出すものです。したがって，あえてクロスSWOT分析を作成する必要はありません。

SWOT分析

	強み	弱み
内部環境	・当社の強み 　（付加価値，差別化要因）	・当社の問題点，原因 ・競合他社の強み
	機会	脅威
外部環境	・外部環境分析のプラス面 ・顧客のニーズやウォンツ，悩み等（不安・不満・心配・不便など）の中で，当社がその解消方法を実施可能なもの	・外部環境分析のマイナス面 ・顧客のニーズやウォンツ，悩み等（不安・不満・心配・不便など）の中で，当社がその解消方法を実施できないもの

クロスSWOT分析

		内部環境	
		強み	弱み
外部環境	機会	強みを活かし，機会をつかむ方法	弱みを克服し，機会をつかむ方法
	脅威	強みを活かし，脅威の影響を受けないようにする方法 また，脅威を機会に変える方法	弱みを克服し，脅威の影響を受けないようにする方法

ケース・スタディ
事例 3　水産加工会社

創　業	2000年代初頭	社員数	32名
売上高	3億7,000万円	借入金	6億2,000万円
経営者	社長（30代男性）		

　三陸沖にある水産加工会社の事例です。

　社長は不動産業界で営業を学び，その後水産会社に転職して水産加工の仕入・加工・販売のノウハウを習得した後，自身の会社を設立しました。設立後は，社長自ら積極的に新規開拓を行い，「顧客の要望にはすべて対応」「納期厳守」の姿勢で次々と顧客を獲得し，設立7年で売上13億円まで拡大させました。しかしその後，大型設備投資を行ってさらなる事業拡大を図った矢先に，東日本大震災による津波の被害を受け，自社工場は倒壊，顧客とのパイプは途切れ，風評被害で西日本からの需要は減少し，売上は3億7,000万円まで激減しました。さらに，事業再開のための工場建設費用等の借入により，借入は3億6,000万円から6億2,000万円にまで膨れ上がりました。

　震災前は優良企業であり，震災後もすぐに再生に乗り出して，再生に向けて目処が立っていました。ただし，急成長・急回復のため，すべてにおいて社長個人がコントロールしており，営業体制と製造現場，共に組織体制が未構築でした。

　今後の改善策の1つとして，社員のスキル向上と，組織体制の構築が挙げられます。また，さらなる飛躍のためには，自社商品の開発による商品力向上と販路拡大も必要になります。

第4章
ヒアリング力向上が事業DDの品質向上の鍵

- 4-1 なぜヒアリングが難しいのか
- 4-2 ヒアリング力向上の必要性
- 4-3 ヒアリング7ルール❶～❸
  コンサル主導,大から小,不明点は即質問
- 4-4 ヒアリング7ルール❹
  ヒアリングシートの活用
- 4-5 ヒアリング7ルール❺
  問題点と強みの発見と深掘り
- 4-6 ヒアリング7ルール❻
  目的を持つ
- 4-7 ヒアリング7ルール
  深掘りのイメージ
- 4-8 ヒアリング7ルール❼
  業務フロー図の活用

4-1

なぜヒアリングが難しいのか

　高品質な事業調査報告書を作成するには，必要な情報を詳細に，正確に収集しなければなりません。そのためには，高いヒアリング力を身につける必要があります。本章では，ヒアリング力を高めるためのノウハウをお伝えします。

●日常会話とビジネス上でのヒアリングの違い

　日常生活のさまざまな会話の中で，我々はヒアリングを行っています。また，ビジネスの世界でも，相手からヒアリングを行うケースが多々あります。状況によって，ヒアリングの内容はさまざまですが，日常会話とビジネスでは，大きくヒアリングの目的が異なります。

　まず日常会話で行うヒアリングは，「会話自体を楽しむ」「相手との信頼関係の構築や維持」が主要な目的なので，相手が聞いてもらいたいことを聞き，共感したり励ましたりして，相手に心理的な喜びや満足感を与えながら，お互いにその場を楽しみます。

　一方でビジネス上のヒアリングは，主要な目的は「情報収集」です。もちろん相手との信頼関係の構築は重要ですが，それが主要な目的ではありません。短期間で膨大な情報を聞き出さなければならない事業DDでは特に，いかに効率的・効果的に情報収集を行うかが，ヒアリングで最も重要なことになります。

●ヒアリングで陥りやすい注意点

　ヒアリングで陥りやすい注意点は多々あります。例えば，目的なく相手の発言をメモするだけのヒアリングになる，相手との信頼関係構築を意識しすぎて的確な質問ができない，わかるところだけに反応する，わかった

ふりをする，などです。このような状況でヒアリングを行っても，充分な情報収集ができません。

　ここに，ヒアリングで陥りやすい注意点を記載します。このような状況に陥らないために，ヒアリングには戦略的な取組みが必要であり，一定のスキルとルールが必要になるのです。

ヒアリングで陥りやすい注意点

- 目的なく（ゴールを設定せず）ヒアリングしている
- 相手の発言をメモするだけ（思考停止）
- 相手が嫌がる質問ができない
- 情報の整理ができず，ポイントが何かを把握できない
- 全体像を把握する前に，いきなり細かい点を聞く
- わかるところだけに反応する
- 理解不足でも「何となくわかった」と思い込む
- 理解できなくても質問せず，わかったふりをする
- プライドが邪魔をして「わからない」と言えない
- 専門用語や不明点の確認を怠り，理解が不十分
- 相手の話を聞き過ぎる
- ヒアリングの目的が「情報収集」ではなく，「傾聴」や「関係性構築」になっている
- 発言の「中身」ではなく「単語」に反応してしまう
- 根拠不十分で決め付ける
- ヒアリングをそこそこにして，自身の持論を延々と話してしまう
- 自身の知識をひけらかしてしまう
- 問題の原因を究明せず，表面的な問題点だけをとらえて指摘したり提案してしまう

4-2

ヒアリング力向上の必要性

●ルールなしでヒアリングするとどうなるか

　事業DDでは，基本的に短期間で事業調査報告書を作り上げなければなりません。そのためには，短時間で，必要な情報を，詳細かつ的確に聞き取る必要があります。ただやみくもに相手企業の社長の話を聞いているだけでは，偏った情報しか得られませんし，こちらが意図した情報を確実に収集することは困難です。

　すべての社長が理路整然と話をしてくれるわけではありません。その時思ったこと，思い出したことをそのまま話す場合が多いです。そのため，話題がさまざまなところに飛ぶことがあります。例えば，営業の話から突如組織の話に切り替わり，組織からさらに個人の話に移ったりします。現在のことだけでなく過去の話も混じったり，事実だけでなく単なる社長の思いや願望，想像であったりと，整理されていません。一般に知られていない専門用語も遠慮なく飛び出します。ただ社長の話を聞いているだけでは，これらの情報すべてを理解し，ここから事実を抜き出して，まとめあげなければなりません。そして漏れがないよう，不足した内容が何かを把握して，質問をして確認しなければなりません。これでは，正確な情報を詳細に理解することは困難です。

●効果的な情報収集にはルールが必要

　コンサルタント側は，相手企業のことを知らないわけで，そのような中でヒアリングを行って，自社の状況を正確かつ詳細に理解しなければなりません。表に出ている問題点と強み以外に，社長自身も気づいていない，隠れた問題点と強みを，確実に抽出しなければなりません。会社には内包

するさまざまな問題点が隠れていますが，それを一つひとつ確実に発見しなければなりません。そして，見出した各問題点を一つひとつ深掘りし，それらの原因を探っていかなければなりません。その上で，収集したすべての情報を，素早く整理しなければなりません。これだけのことを短時間で実施しなければならないから，戦略やルールなしでは困難なのです。

　本章では，必要な情報を，短期間で，漏れなく，確実にヒアリングするために，特に重要な手法を7つに絞り，それらの手法を「ヒアリング7ルール」としてお伝えします。ただし，ヒアリング7ルールを実践するには，「録音はしない」「ヒアリングした内容はパソコンではなく紙に書く」の2点が前提となります。録音は，聞き返す時間が無駄になり，その場で理解する姿勢が薄れます。パソコンでは，ひたすら文章を打ち込む作業になり，質問せず話を聞くだけになりがちです。また，ヒアリングでは状況を理解するために，図形や表，絵などを書いて確認することがありますが，パソコンではそれらを素早く作成できません。

ヒアリング7ルール

① コンサルタント主導でヒアリングを行う
② 大（概要）から小（詳細）の順番でヒアリングする
③ 不明点はその場で即質問する
④ ヒアリングシートであらかじめヒアリング項目を決めておく
⑤ 問題点と強みの発見と深掘りを行う
⑥ 目的を持ってヒアリングをする
⑦ 細かい業務フローの確認はフロー図を活用する

4-3
ヒアリング7ルール❶〜❸
コンサル主導，大から小，不明点は即質問

● **ヒアリングを行うコンサルタント側が主導**

　1つめのルールは，ヒアリングするコンサルタント側が主導してヒアリングを行う，というものです。つまり，一方的に社長に話をしてもらうのではなく，我々コンサルタントが社長に「質問」をし，社長には質問に対する「回答」をしてもらって，必要な情報を的確に入手する，というスタンスでヒアリングを行うのです。前述の通り，社長に主導権を渡してしまうと，何の話をしているのかがわからなくなります。必要なのは事実です。事実を正確に聞き出すことが重要です。

● **大（概要）から小（詳細）へ**

　2つめのルールは，まずは企業の概要をヒアリングし，全体を理解した上で，詳細についての確認を行う，という順序でヒアリングを行う，というものです。物事を理解するには，概要や全体の流れが不明確なまま詳細を理解しようとしても，なかなか理解できません。まずはしっかりと，会社の概要や事業の流れ，構造を理解することが肝心です。なお，報告書の構造は，もともと大から小の順番になっていますので，報告書の項目の順番でヒアリングしていけば問題ありません。

● **不明点は即その場で必ず質問する**

　3つめのルールは，不明点はその場ですぐに質問し，理解することです。コンサルタントにありがちな姿勢として，「『わからない』『知らない』と言えない」ということがありますが，初めての業界や企業の話を聞くわけで，その業界，企業特有の話や専門用語など，知らないことがあって当然です。わかったふりをして，わからないままヒアリングを続けてしまう

と，中身の理解が不十分になってしまいます。1つでもわからない点を放置してしまうと，そこで思考が停止し，それ以降の内容が理解できなくなります。ですから，知らない言葉や意味が理解できなければ，その時点で即確認を取ってください。ただ，まったく準備なくヒアリングを開始すると，わからないことだらけになってしまうので，業界情報や会社概要など，最低限の知識を確認しておくことが重要です。その方法は，第5章の「訪問前にやるべき事前準備」の項目でお話しします。

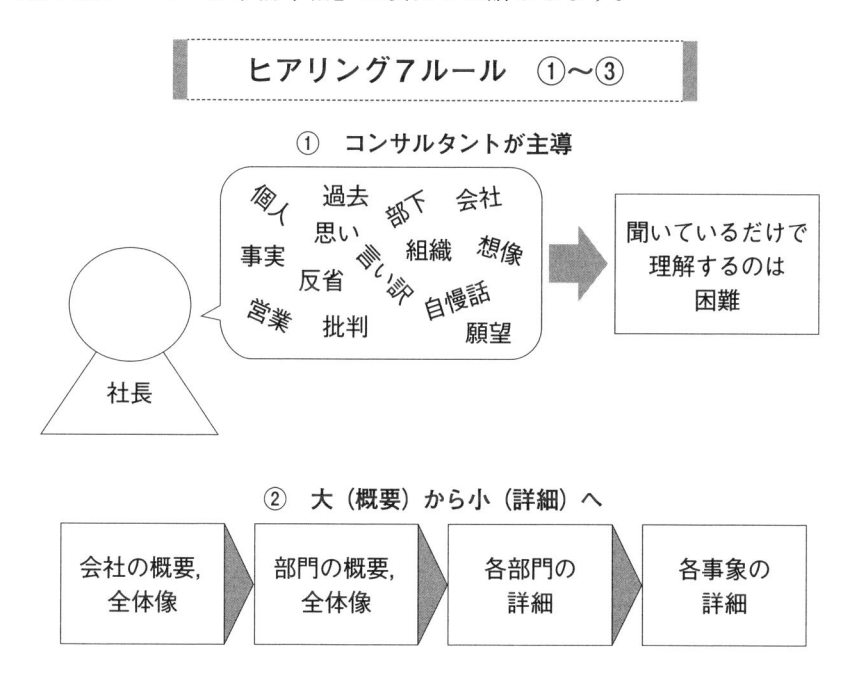

ヒアリング7ルール ①〜③

① コンサルタントが主導

社長 → 個人／過去／部下／会社／事実／思い／言い訳／組織／想像／営業／反省／自慢話／批判／願望 → 聞いているだけで理解するのは困難

② 大（概要）から小（詳細）へ

会社の概要，全体像 → 部門の概要，全体像 → 各部門の詳細 → 各事象の詳細

③ 不明点は即その場で質問

- 話の内容がわからない
- 知らない単語が出てきた
- 専門用語が出てきた

→ 思考停止 →

- その話題の深掘りができない
- 情報収集が不十分
- 報告書の内容が不十分

4-4
ヒアリング7ルール❹
ヒアリングシートの活用

●ヒアリングシートで項目を用意

　4つめのルールは，ヒアリングシートを用意して，ヒアリングする項目をあらかじめ準備しておく，ということです。企業にはさまざまな問題点が隠れており，それらを一つひとつ丁寧に拾い上げていくには，漏れなくヒアリングをする必要があります。ヒアリングシートがなければ，どうしても漏れが出てきてしまい，情報収集が不十分になります。もし確認不足の箇所に重大な問題点が隠れていたら，その重大な問題を抽出することができないので，再生への取組みに支障をきたすことになります。

　ヒアリングシートは，右図の通り，事業調査報告書のフォーマットを活用するのが有効です。単に項目を並べたものだと報告書の完成形のイメージがしにくいですが，報告書のフォーマットそのものであれば，報告書の完成イメージを頭に描きながらヒアリングができますし，空欄にメモすることができるので，どこに何が書いてあったか探す手間が省けて効率的です。

　ここで，「ヒアリングシートを用意すると，シートに書かれている項目を機械的に確認するだけになってしまい，情報が表面的になり，応用もきかないのではないか」という心配があるかもしれません。しかし，決してそのようなことはありません。なぜそうなるかというと，質問に対する相手の回答を理解しようとしないからです。この後のルール⑥の話になりますが，目的意識を持たずに質問をして，回答をメモする「作業」になるから，確認した内容が表面的になり，深掘りが不十分になってしまうのです。

　そうではなく，項目ごとにヒアリングをしながら問題点や強みがないか確認していくわけです。まずはしっかりと現状を把握し，その項目の中で

問題点や強みを発見したら,「なぜその問題が起きるのか」「その強みの要因は何か」を深掘りしていけばいいのです。そうすることでヒアリングシートのメリットを享受できるようになります。

ヒアリングシート(報告書フォーマット)

1. 経営・組織,人事の現状
(1) 経営の基本概念

経営理念	その会社は何のために存在しているか,会社の存在意義,目的意識,事業遂行における基本的価値
ビジョン	その会社が目指す将来の姿
ミッション	使命,世の中へどのように貢献していくか
顧客に思われたい自社の価値イメージ	顧客にどう思われたいか
上記の社内への浸透	
経営者のスタイル	ワンマン経営・合議制,権限委譲の範囲,経営者の現場関与度
社風・企業文化	企業が長年積み重ねてきた独自の雰囲気

(2) 経営戦略,経営体制

経営戦略	自社が戦う事業領域を定義し,その領域に対し,どのような経営資源を活用して競争優位性を追求していくかを示したもの
経営体制	実質的に経営に関与しているもの,役割
リーダーシップ	合理的判断力,決断力,周囲の巻き込み,意図する方向への導き
経営判断意思決定	経営判断プロセス,社長独断・幹部と相談,現場や競合,市場等をとらえて判断しているか
事業承継	承継者の有無,準備状況
情報伝達	経営の決定の現場への浸透,現場の提案の幹部への伝達

4-5

ヒアリング7ルール❺
問題点と強みの発見と深掘り

　5つめのルールは，問題点と強みを深掘りする，ということです。つまり，問題点や強みを発見したら，それで終わりではなく，それらを深掘りし，要因を探っていくわけです。

●**問題点を発見し，原因を探る**

　問題点がわかっても，その原因がつかめなければ，改善につながりません。例えば，「部門間で情報が正確に伝わらない」という問題が発生しているとします。この場合に考えられる要因としては，部門間で情報共有のしくみがない，伝える媒体（フォーマット）の項目が不足している，そもそも社員に伝える意識がない，部門間の人間関係が悪化している等，さまざま挙げられます。この1つの問題点が起きるすべての要因について，一つひとつ改善に取り組まなければ，問題は解決しません。だから，原因究明が必要であり，報告書には問題点止まりではなく，原因の指摘が必要なのです。

　なお，内容を掘り下げる際の基本フレーズは「なぜ？」です。そのほか，「例えば？」「具体的には？」というフレーズも活用します。

●**強みを発見し，真の強みを探る**

　強みについても深掘りして，真の強みを発見しなければなりません。例えば，製品の品質に強みがあれば，その品質が生まれる要因は何なのか，職人の技なのか，いい素材を使っているのか等を探ります。また，競合他社や顧客のニーズ・ウォンツと比較して，自社の強みが市場のニーズやウォンツに適合しているか，という市場機会を発見する必要もあります。なお，自社が強みと考えている内容が，競合他社も当たり前に実施していれば，それは強みではありません。逆に，競合他社との差異が，社長も気

づかないごくわずかなものであっても，それが強みになる場合があります。さらに，現在の市場で受け入れられていなくても，その強みが顧客のインサイト（本音）を刺激し，今後顧客を創造していく可能性があるのであれば，それは強みであり，それを見極める必要があります。その他，強みの深掘りによって真の強みを発見したら，どうやってその強みを獲得したのか，その強みは組織として体系化されているのか，それとも属人的なものなのか（強みが個人のスキルに依存していると，その社員が退社した時に強みを失うリスクがある）などの確認も必要です。

問題点の深掘り

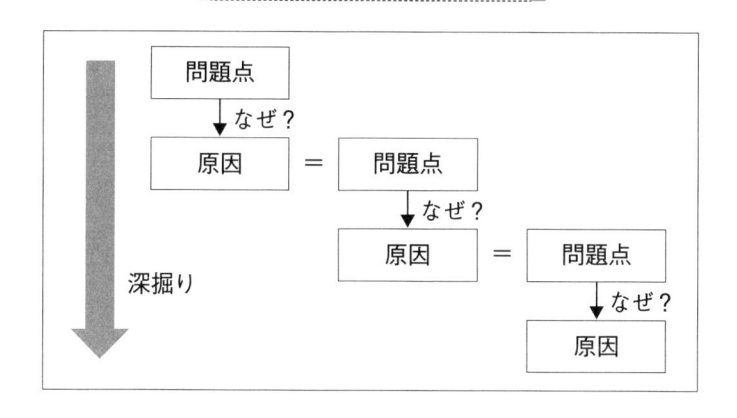

```
深掘り ↓
  問題点
    ↓ なぜ？
  原因 = 問題点
          ↓ なぜ？
        原因 = 問題点
                ↓ なぜ？
              原因
```

強みの深掘り

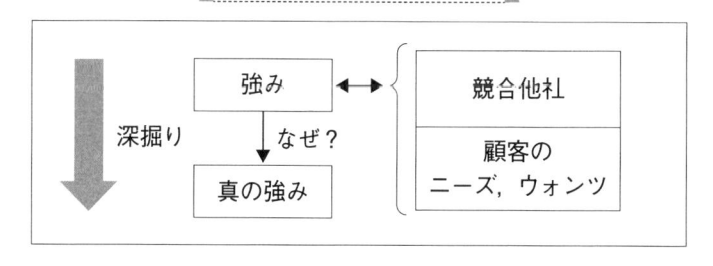

```
深掘り ↓
  強み ←→ ┌ 競合他社
    ↓ なぜ？    │
  真の強み   └ 顧客の
             ニーズ，ウォンツ
```

4-6
ヒアリング7ルール❻
目的を持つ

●ヒアリングは必ず目的を持つ（ゴールを設定する）

　6つめのルールは，目的を持ってヒアリングをする，つまり，ゴールを設定して，それに向けて質問をする，ということです。目的意識なくヒアリングすると，ただ質問をしているだけの状態になり，表面的な情報しか入手できません。

　事業DDにおけるヒアリングの目的は，「現状把握」「強みの発見」「問題点の発見」「原因究明」「不明点確認」です。

　ヒアリングの最初の目的は「現状把握」です。各項目について，企業の現状について把握します。その現状把握を目的として，相手に質問を投げかけるわけです。次に，一通り現状把握を行い，問題点や強みがあれば，それを詳細に確認します。つまり，この時に，目的が「問題点の把握」あるいは「強みの把握」に切り替わり，問題点，強みは何なのかを把握することを目的として質問をするわけです。続いて，問題点や強みが特定されれば，その要因を探っていきますが，この時に目的は「原因究明」に変更になります。その他，相手の説明の意味がわからなかったり，知らない専門用語が出てきたら，すかさず目的を「不明点確認」に切り替えて，意味や内容の確認を行っていくのです。

　例えば，内部環境分析で「営業」の章の「新規開拓」の項目のヒアリングを行う場合を想定します。まずは日々どのような新規開拓営業を実施しているのかの「現状把握」を目的として，新規顧客のアプローチ方法や顧客面談の内容，訪問頻度等について確認します。次に，顧客面談において不適切と感じたら，「問題点の把握」を目的として，何が問題なのかを

探っていきます。そして，その問題点が「顧客から適切な情報を入手できていない」「自社のアピールポイントを説明できていない」と判明したら，目的を「原因究明」に切り替えて，その要因を探りにいき，「適切な販促資料が不足している」「営業トークのスクリプトがない」等の原因を究明していくわけです。

このようにして，状況に合わせて目的・ゴールを切り替えながら，一つひとつ丁寧に質問をしていきます。

ヒアリングの目的と，目的の切替の流れ

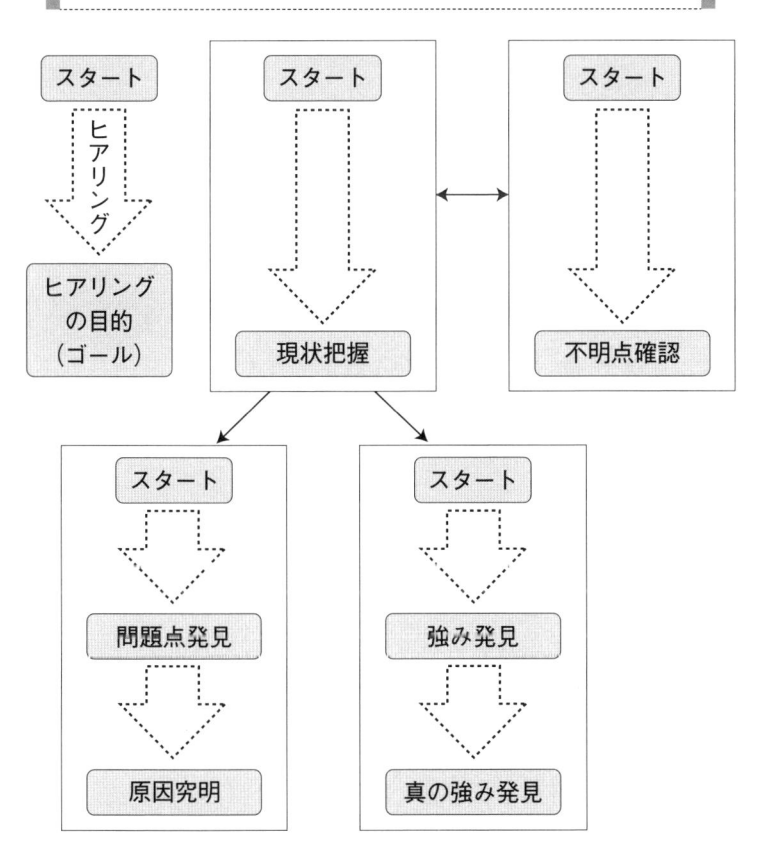

スタート
↓ ヒアリング
ヒアリングの目的（ゴール）

スタート
↓
現状把握
↕
スタート
↓
不明点確認

スタート
↓
問題点発見
↓
原因究明

スタート
↓
強み発見
↓
真の強み発見

4-7

ヒアリング7ルール
深掘りのイメージ

●**深掘りすることで，隠れた問題点と強みを発見する**

　前述したヒアリングルール④項目決め，⑤深掘り，⑥目的を持つ，を踏まえ，中身を掘り下げていくイメージを，右図に示します。

　まずは上段「(1)　表出している問題点・強みは限定的」の図ですが，これは，社長や社員が把握している問題点と強みは，図の通り，表面的で，非常に限られていることを示しています。戦略やルールなしのヒアリングで入手できる情報は，(1)に現れているものだけなので，情報としては不足します。したがって，その下の「ヒアリングで深掘りしないと聞き出せない内容」のところに隠れている問題点，強みを聞き出さなければなりません。

　そのために行うことが，中段「(2)　項目を決め，項目ごとにヒアリングをして深掘りを行う」です。項目を決めることで，ヒアリングする範囲を限定することができ，ブレずに情報を収集できます。もし項目を決めずにヒアリングをしてしまったら，何に絞って質問をしてよいのかがわからなくなるので，漏れのない的確な質問ができなくなります。その結果，情報が錯乱して，情報の整理に多大な時間と労力と頭を使うことになり，的確に情報を捉えることができなくなります。例えば営業では，営業体制，営業方針，営業プロセスなどに項目を決めることで，図のように各項目について，縦に一直線に深掘りすることができるようになるのです。

　続いて下段の図「(3)　表に出ていなかったさまざまな強みと問題点が明確化される」というのは，各項目に分けて深掘りのヒアリングを行った結果，隠れていた各項目のさまざまな問題点や原因，強みを発見できた，というイメージを表しています。

深掘りのイメージ図

(1) 表出している問題点・強みは限定的

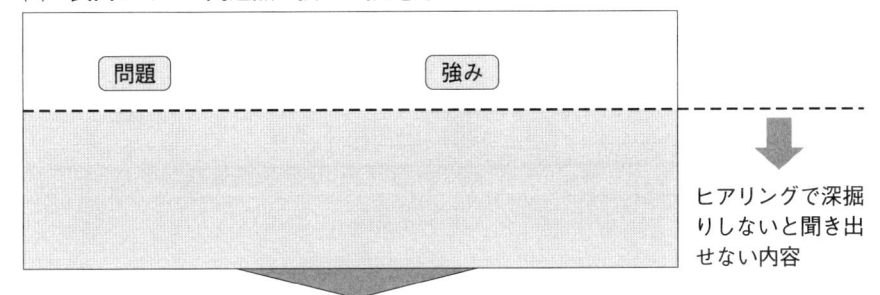

| 問題 | 強み |

→ ヒアリングで深掘りしないと聞き出せない内容

(2) 項目を決め，項目ごとにヒアリングをして深掘りを行う

営業体制	営業方針	営業プロセス	営業管理
質問(深掘り)	質問(深掘り)	質問(深掘り)	質問(深掘り)
問題		強み	

→ ヒアリングで深掘りしないと聞き出せない内容

(3) 表に出ていなかったさまざまな強みと問題点が明確化される

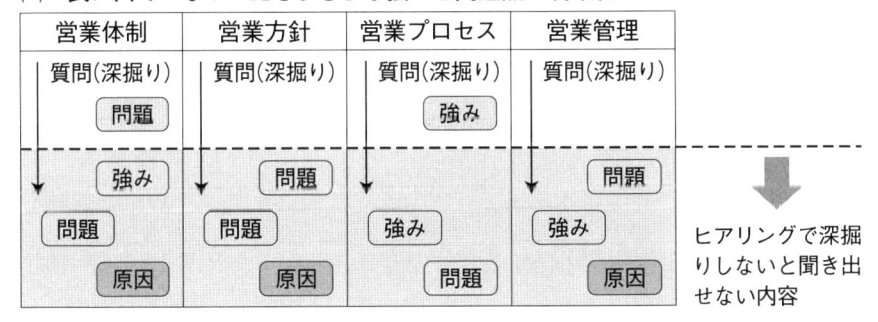

営業体制	営業方針	営業プロセス	営業管理
質問(深掘り)	質問(深掘り)	質問(深掘り)	質問(深掘り)
問題		強み	
強み	問題		問題
問題	問題	強み	強み
原因	原因	問題	原因

→ ヒアリングで深掘りしないと聞き出せない内容

4-8
ヒアリング7ルール❼
業務フロー図の活用

●業務フローには「業務フロー図」を活用する

　7つめのルールは，業務フローの確認には，右図の本書オリジナルの「業務フロー図」を活用する，ということです。

　業務フローとは，組織内の業務の流れを示した図です。この組織内部の，部門内および部門間の業務の流れの中に，いろいろな問題を抱えているケースが多くなっています。したがって，業務フローを確認することは，事業DDでは非常に重要です。しかし，細かな業務フローを一つひとつ確認する作業は，煩雑で多大な負担になるため，なかなか業務フローまで確認するケースが少ないのが現状です。

　そこで，右図のような業務フロー図を活用します。このフロー図は，業務の細かな流れと伝達方法，各部門の作業内容を，ヒアリングしながら描写できるため，簡単に業務フローを書くことができます。さらに，完成したフロー図を上から順に目を通すだけで，業務内容を細かくイメージすることができます。

　この業務フロー図のポイントをまとめると，以下の通りです。
① 登場する部門ごとに枠がもうけられているため，各部門で何をするかが一目でわかる。
② 上から下に順番に業務が流れており，部門間・外部とのやりとりを矢印で示しているので，上から順番に見ていけば，業務の内容と流れの全貌が明らかになる。
③ 矢印に意味がある（矢印の上は伝達手段・方法，下は伝送物・内容）ため，実際の業務の流れがイメージしやすい。

④ 「作業内容」を四角で表現しているため、具体的に、各部門でどのような作業を行っているかが一目でわかる。
⑤ 「作成物」を二重四角で表現しているため、具体的に何を作成しているのかが一目でわかる。

業務フロー図

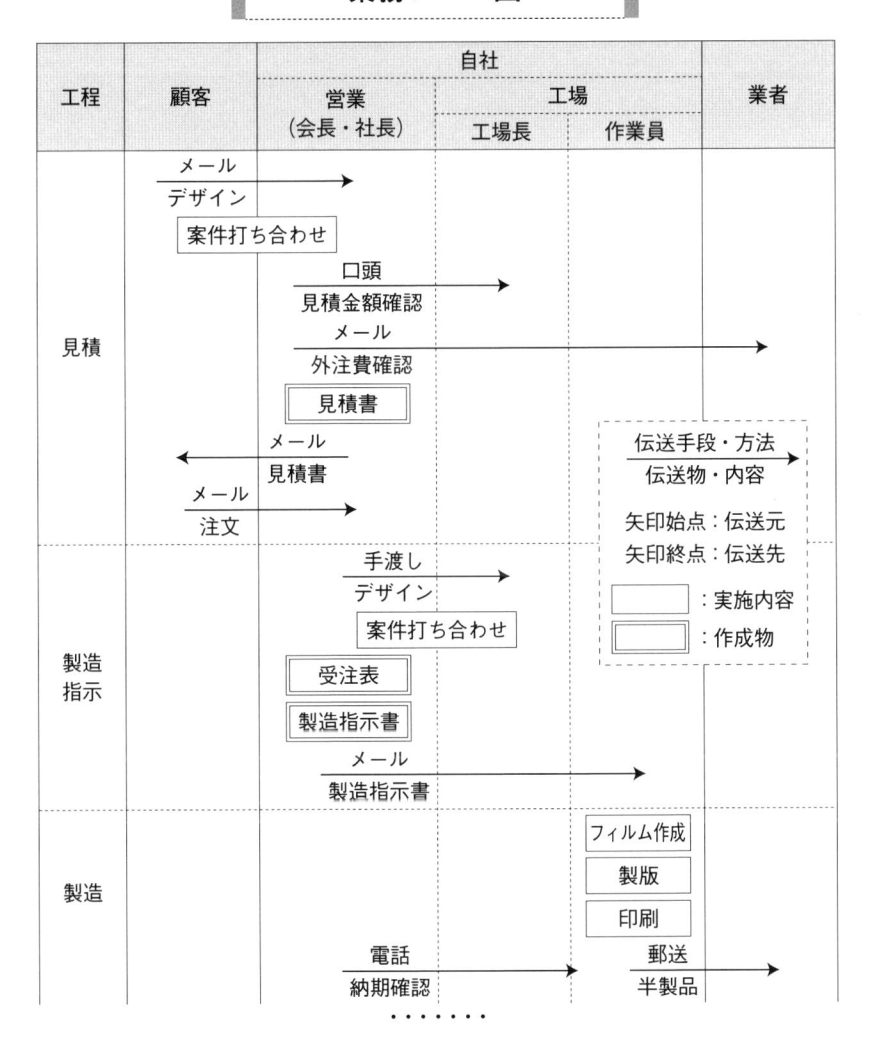

工程	顧客	自社			業者
		営業（会長・社長）	工場		
			工場長	作業員	
見積	メール デザイン →	案件打ち合わせ 口頭 見積金額確認 → メール 外注費確認 見積書 ← メール 見積書 ← メール 注文			→
製造指示		手渡し デザイン → 案件打ち合わせ 受注表 製造指示書 メール 製造指示書 →			
製造		電話 納期確認 →		フィルム作成 製版 印刷 郵送 半製品	→

凡例:
- 伝送手段・方法 / 伝送物・内容
- 矢印始点：伝送元
- 矢印終点：伝送先
- □ ：実施内容
- ▭ ：作成物

ケース・スタディ

事例4　印刷会社

創　業	1960年代	社員数	9名
売上高	1億4,000万円	借入金	2億4,000万円
経営者	会長（60代男性），社長（30代長男）		

　工業団地の中にある印刷会社の事例です。

　現会長が会社を設立し，設立当初は会長の印刷に関する豊富な知識と提案力で，各社と人脈を確立していき，大手ゲーム会社などと継続的な取引を獲得して事業を拡大していきました。しかし，中国の品質向上により，大口顧客の単価は大幅に下落し，競争力を失っていきました。当社の人脈はデザイナーであり，かつてはデザイナーが印刷会社を選定していましたが，近年では試作品の選定は従来通りデザイナー，量産品は購買部が選定するようになり，量産品においては当社の人脈や提案力を活かすことができなくなってしまいました。そういった中でも，当社の大口顧客への依存体質は改善されず，依然として大口顧客に経営資源を集中させ，無理な安値で受注を続けました。その結果，業績は一気に悪化して，資金繰りも厳しい状況にまで陥ってしまいました。財務DDの結果，大口顧客向けは赤字であることが判明しました。

　収益力が大幅に低下してしまった現在，改善策としては，リストラを断行して大幅な経費削減を行わざるを得ない状況です。赤字取引を停止し，その売上の中で利益が出るよう，可能な限りのリストラを行い，事業を縮小しなければなりません。その上で，営業施策を見直し，売上向上を目指すことが必要になります。

第5章

訪問前にやるべき事前準備

- 5-1 訪問前の事前準備❶・❷
  会社概要，外部環境
- 5-2 訪問前の事前準備❸
  財務分析
- 5-3 外部環境の調査方法
- 5-4 財務情報の調査方法
- 5-5 粉飾決算の見分け方

5-1

訪問前の事前準備❶・❷
会社概要，外部環境

　本章では，最初に訪問する前にやっておくべき事前準備について説明します。訪問前の事前準備は，基本的に，①会社概要の確認，②外部環境の確認，③財務分析，の3点です。

●**会社概要**

　まずは相手企業がどんな会社なのか，会社の基本情報を確認します。確認方法として，会社案内や商品カタログを事前に入手すること，そしてホームページを確認すること，の2点です。中小企業では，ホームページや商品カタログを持っていない会社も多いため，その場合は，会社案内のみになります。「会社案内」という名称のものがない，と言われることがあるので，その場合，とりあえず会社の概要がわかる書類を送ってもらうように依頼します。

　あくまで事前準備ですので，詳細まで知る必要はありませんから，なければ，無理に入手する必要はありません。

●**外部環境**

　次に事前準備しておくことは，外部環境の確認です。報告書にも，外部環境について記載しなければならないため，事前に必要な外部環境をすべて調べてまとめておいたほうが，ヒアリング後は内部環境分析に集中できて効率的です。

　事前に必ず確認しておきたいことは，その企業の業種に関する特性や基本情報です。報告書を作成する再生コンサルタントは，多くの場合，その業界の素人です。そのため，業界の基本的な知識や，その業界では常識的に使用する専門用語をある程度事前に知らなければ，わからないことだら

けで社長と対等に話ができなくなり，情報収集が難しくなってしまいます。業界特性や基本情報を把握した上でヒアリングすることで，ヒアリング中に不明点が少なくなり，情報収集や深掘りがスムーズになって，短期間でヒアリングを完了することが可能となります。

　なお，事業調査報告書というのは，難解で専門書のようなものではなく，素人でも容易に理解できるように工夫されていることが，より良い報告書であるといえます。そのためには，報告書の中に，専門用語の補足説明や，業界特性の説明を付加することが必要です。

会社概要の媒体

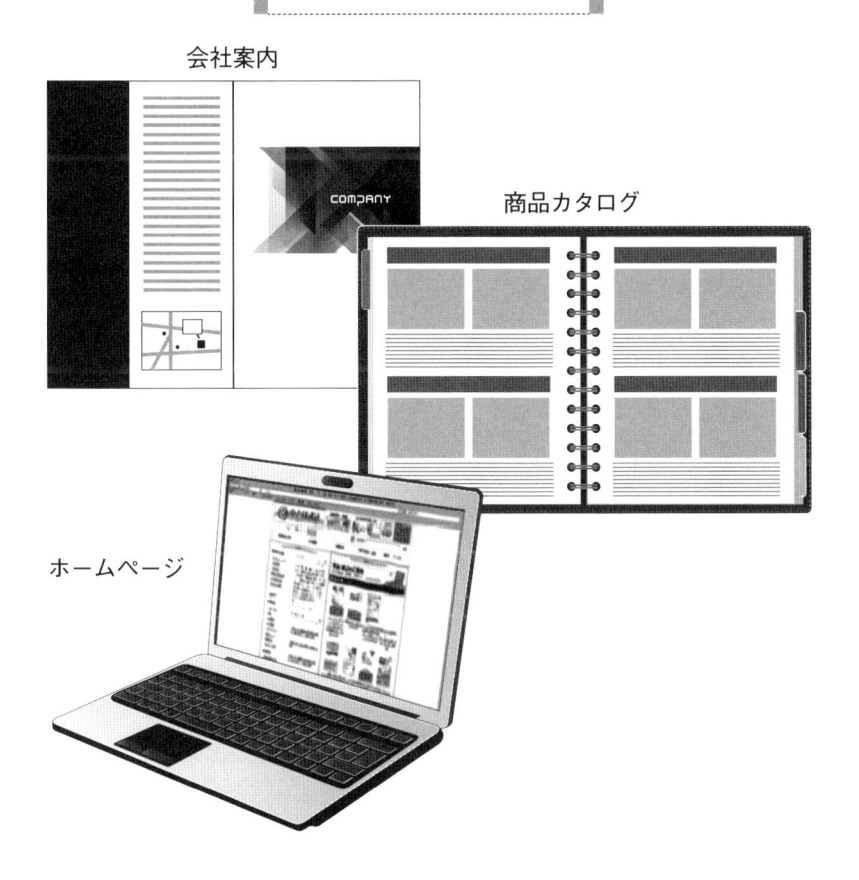

会社案内

商品カタログ

ホームページ

5-2

訪問前の事前準備❸
財務分析

●財務分析で経営状況の仮説を立てる

　そしてもう1点，事前に準備しておくことは，その会社の決算書（PL，BS）を入手し，財務分析を行って，その企業の収益状況や財務体質を把握しておくことです。ヒアリングを行う上で，相手の会社の経営状態を知らずに行うのと，ある程度把握して行うのとでは，情報収集のスピードや深掘りに大きく差が出ます。

　例えば，事前の財務分析で，原価率が高くて収益力が低いことがわかったとします。原価率が高い理由として，無駄な残業が多い，製造工程が非効率である，材料費が高い，多くのロスが発生しているなど，事前に仮説を立てることができ，どこにポイントを絞ってヒアリングをしたらいいのかがわかります。また，近年の売上が減少傾向であれば，大口顧客の売上が減少している可能性があるなどが考えられ，それを踏まえて顧客分析を行うことができます。このように，何の事前情報もなく調査するのと，ある程度仮説を立てておくのとでは，調査の質がまったく違ってくるのです。

　なお，決算書（PLとBS）は10期分事前に取り寄せてください。そして，直近の税務申告書（税務署に提出する，決算書を基に税金を計算するための書類）も合わせて入手してください。なぜ決算書が10期分必要かというと，一般の調査と異なり，事業DDでは，窮境要因を探っていく必要があり，過去の投資など，かつての失敗が現在の経営状況を圧迫しているケースも多いため，ある程度過去に遡って確認する必要が出てくるからです。また，税務申告書は，株主構成など，事業報告書の会社概要に必要な情報

が掲載されているだけでなく，繰越欠損金（黒字と相殺できる過去の累計赤字）の確認や，各勘定科目の中身の把握などができるため，直近1期分だけでいいので，入手して確認することが望ましいです。なお，もし10年以上前の投資が窮境状況に影響しているのであれば，さらに遡って決算書を確認することが必要となります。

税務申告書と決算書

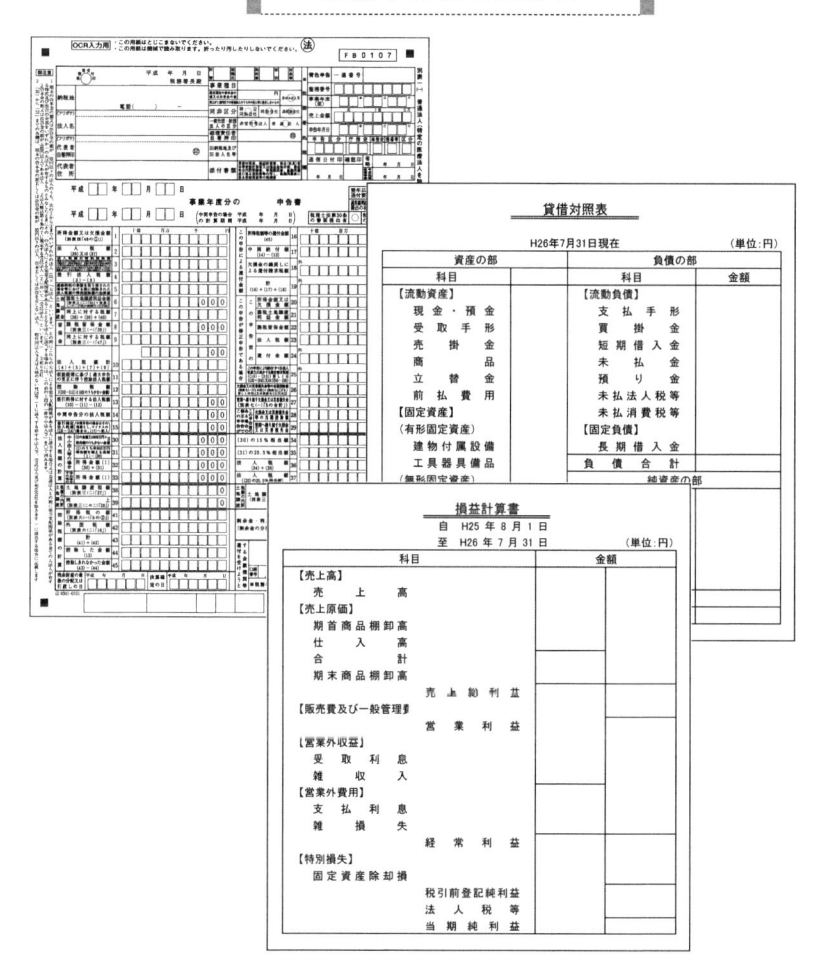

5-3
外部環境の調査方法

●外部環境分析のポイント

　外部環境は，中小企業の戦略構築の際，大企業ほど影響は受けないケースが多いため，事業DDの中で外部環境分析の重要性は，それほど高くはありません。もちろん，市場が大きく変動し，業界全体が悪化した場合，体力のない中小企業への影響は大きいです。しかし，業界自体がどのような状況であろうが，外部環境は自社ではコントロールできません。そのため，事業DDでは，自社でコントロール可能な内部環境に対して，どのような対処をするかがポイントになります。したがって，外部環境の調査に時間をかけすぎる必要はありません。効率化のため，どこを調べるか，何を明記するかを，ある程度決めておくといいでしょう。なお，1企業で複数の事業を行っている場合，各々の外部環境の調査が必要になります。

　右図に，外部環境の出所と資料名等をまとめています。これらの資料で必要な外部環境はおおよそカバーできますが，これら以外にもネットで情報を入手できる場合があるので，案件の都度確認してみてください。

●外部環境調査の定番『業種別審査事典』

　外部環境の調査で最もよく活用するのが『業種別審査事典』です（右図3）。業種別審査事典は主要な図書館に行けば置いてあります。この審査事典に，業界特性や動向など，さまざまな業界の内容や特徴が明記されています。また，審査事典には，参照した数値データの資料の出所も明記されているため，審査事典に記載されている外部資料を調べて報告書に記載することも一案です。ただし，審査事典は4年に1度の更新であり，掲載されているデータは年度が古いため，最新のデータを入手する必要があります。

第5章 訪問前にやるべき事前準備

主な外部環境調査の資料名と出所先

	業種	出所	資料名	媒体
1	全業種	日本銀行	地域経済報告（さくらリポート）	ネット
2	全業種	中小企業基盤整備機構	中小企業景況調査	ネット
3	全産業	きんざい	業種別審査事典	書籍
4	全産業	経済産業省	工業統計　産業編	ネット
5	全産業	経済産業省	工業統計　品目編	ネット
6	全産業	FREELABO	世界経済のネタ帳	ネット
7	製造・卸業	電子情報技術産業協会	ホームページ	ネット
8	小売・卸売業	経済産業省	商業動態統計調査	ネット
9	小売業	経済産業省	商業統計表	ネット
10	小売業	総務省統計局	小売物価統計調査	ネット
11	小売業	総務省統計局	家計調査年報	ネット
12	サービス業	総務省統計局	サービス産業動向調査年報	ネット
13	小売業・サービス業	各自治体	各自治体ホームページ	ネット
14	サービス業	経済産業省	特定サービス産業実態調査	ネット
15	小売業（百貨店）	日本百貨店協会	最近の百貨店売上高の推移	ネット
16	小売業（コンビニ）	日本フランチャイズチェーン協会	コンビニエンスストア統計調査年間集計	ネット
17	小売業(チェーンストア)	日本チェーンストア協会	チェーンストア販売統計	ネット
18	小売業（スーパー）	スーパーマーケット統計調査事務局	スーパーマーケット統計調査	ネット
19	通信販売	日本通信販売協会（JADMA）	通信販売売上高	ネット
20	飲食店	日本フードサービス協会	外食産業市場動向調査	ネット
21	旅館，娯楽等	社会経済生産性本部	レジャー白書	書籍
22	旅館	厚生労働省	生活衛生関係営業施設	ネット
23	旅館	官公庁	観光白書	書籍
24	旅館	日本交通公社	旅行者動向	書籍
25	旅館	リクルート	じゃらん	ネット
26	建設業	国土交通省	建設投資の推移	ネット
27	建設業	国土交通省	建築着工統計調査報告	ネット
28	建設業	国土交通省	国土交通白書	ネット
29	水産業	水産庁	水産白書	ネット
30	食品	総務省	国税調査	ネット
31	食品	日本惣菜協会	惣菜白書	書籍

5-4
財務情報の調査方法

●**財務分析のポイント**

　財務分析は，主にその企業の収益性，安全性，効率性，生産性等を確認します。財務分析を行う場合，①業界平均と比較する，②時系列で比較する，がポイントであり，さらに長期の推移を確認する場合は，③グラフと表を用いて「ひと目でわかりやすく（グラフ）」かつ「詳細に確認（表）」ができるようにする，の3点についてしっかりおさえます。

　業界平均は，日本政策金融公庫の「小企業の経営指標」を使います。これは，業種が細かく分かれており，すでに必要な分析がされているため，比較には有効です。さらに，ネットで簡単に入手できます。その他，TKCの「TKC経営指標」でも確認できますが，TKCは，図書館に行かなければ入手できません。本書では，日本政策金融公庫の業界平均を採用しています。なお，財務分析の方法については，第8章で詳細に説明します。

●**資金繰り悪化の状況を確認する**

　事前調査の段階で，その企業の資金繰りが緊迫した状況でないかについても確認したほうがいいでしょう。資金繰りが急を要する状況であれば，事業DD実施中に資金ショートを起こす可能性があります。その場合，即座に銀行に返済の一時停止の依頼をするなど，何かしらの対処をしなければならなくなります。

　資金繰りの状況は，第8章「収益構造の特徴」のところで説明しますが，右図の⑪「差引（現預金・債権－債務・未払）」で確認できます。これがマイナスであれば，短期間で現金化できる金額より，短期間で支払う金額のほうが大きいことを意味するため，資金ショートの状態に陥っています。

財務分析(例1)収益性分析

指標	単位	H24.4期	H25.4期	H26.4期	業界平均
売上高総利益率	%	34.7%	32.7%	31.6%	35.0%
売上高営業利益率	%	4.2%	2.1%	1.9%	2.4%
売上高経常利益率	%	0.9%	−1.2%	−1.5%	1.5%
売上高人件費比率	%	31.4%	33.0%	33.4%	36.1%
売上高諸経費比率	%	10.0%	10.2%	9.4%	23.3%
売上高金融費用比率	%	3.4%	3.4%	3.4%	1.6%

財務分析(例2)売上高と借入金の比率

■売上高と借入金の推移状況(単位:千円、%)

決算期	売上高	借入金	借入/売上
H17.4期	283,837	112,688	39.7%
H18.4期	260,383	143,766	55.2%
H19.4期	253,583	162,777	64.2%
H20.4期	255,383	159,371	62.4%
H21.4期	233,839	154,684	66.1%
H22.4期	258,389	149,172	57.7%
H23.4期	238,383	154,866	65.0%
H24.4期	203,890	139,423	68.4%
H25.4期	178,384	136,767	76.7%
H26.4期	173,788	134,938	77.6%

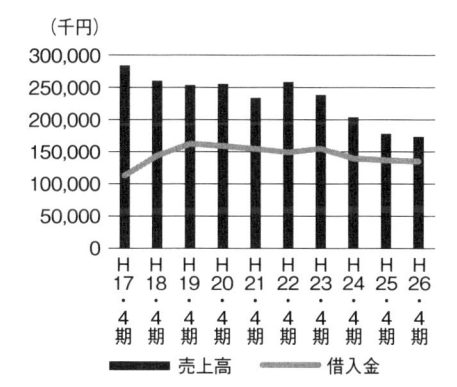

資金繰りの状況(例)

	指標	計算式	単位	H24.4期	H25.4期	H26.4期
①	短期借入金		千円	35,834	16,384	11,009
②	長期借入金		千円	103,589	120,383	123,929
③	借入合計	①+②	千円	139,423	136,767	134,938
④	支払利息		千円	6,994	6,033	5,894
⑤	買入債務		千円	42,396	44,491	40,012
⑥	未払(借入金、買入債務以外)		千円	3,511	2,340	2,304
⑦	買入債務+未払	⑤+⑥	千円	45,907	46,831	42,315
⑧	現金預金		千円	8,238	6,438	9,884
⑨	差引(現預金−債務・未払)	⑧−⑦	千円	−37,669	−40,393	−32,432
⑩	売上債権		千円	32,249	38,821	25,634
⑪	差引(現預金・債権−債務・未払)	⑧+⑩−⑦	千円	−5,420	−1,572	−6,797

5-5
粉飾決算の見分け方

　最後に，この会社の決算書が粉飾されていないかどうかも事前に気をつけて見ておきます。ここで，簡単な粉飾決算の見分け方をいくつか紹介します。

●過大な仮払金

　仮払金は，BSの流動資産の科目で，本来は科目が定まらないため一時的に計上するものですが，通常では，例えば出張の旅費を社長に手渡した時に仮払金で処理し，戻った後に精算して経費に計上する，という使い方をします。本来であれば経費として損金処理しなければなりませんが，赤字回避のためそのままにする，というおそれがあります。仮払金が過大になっている場合に注意しておきます。

●原価率の急激な変化

　売上高や事業の内容に大きな変化がない場合，原価率はあまり大きく変動しません。しかし，急激な原価率低下は，在庫の水増しのおそれがあります。原価率の推移は要チェックです。

●棚卸資産増加＋原価率低下

　原価率が急激に下がっている場合，棚卸資産を確認します。棚卸資産が増加していたら，棚卸資産を水増しして原価率を下げる，つまり，売上総利益を水増ししている可能性があります。売上原価は，期首の商品在庫に当期の仕入額を足して，期末の商品在庫を引いて計算します。したがって，棚卸資産を架空計上したり，不良在庫を計上したりすれば，期末の商品在庫が大きくなって売上原価が減少します。その結果，売上総利益が水増しされるわけです。

●売上横ばい＋売上債権増加

　売上高が横ばいにもかかわらず，売上債権が大幅に増加しているケースです。架空伝票を作って売上高を水増ししている（架空売上）可能性があり，その場合，架空の売上高には売上原価が計上されないので，原価率は下がり，売上総利益が水増しできます。架空売上であるため売上債権は回収されず，売上債権は年々上昇し，売上債権回転日数も年々増加していきます。

粉飾決算（例1）原価率の急激な変化

		単位	H24.3期	H25.3期	H26.3期
PL	売上高	千円	85,332	79,382	75,392
	売上原価	千円	42,922	33,579	40,862
	原価率	千円	50.3%	42.3%	54.2%

粉飾決算（例2）棚卸資産増加＋原価率低下

		単位	H24.3期	H25.3期	H26.3期
PL	売上高	千円	85,332	79,382	75,392
	売上原価	千円	46,250	39,929	34,077
	原価率	%	54.2%	50.3%	45.2%
	売上総利益	千円	39,082	39,453	41,315
BS	棚卸資産	千円	35,223	40,323	45,339

粉飾決算（例3）売上横ばい＋売上債権増加

			計算式	単位	H24.3期	H25.3期	H26.3期
①	PL	売上高		千円	85,000	84,000	84,000
②		売上原価		千円	42,000	37,000	32,000
③		原価率	②÷①	%	49.4%	44.0%	38.1%
④		売上総利益	①－②	千円	43,000	47,000	52,000
⑤	BS	売上債権		千円	25,000	30,000	35,000
⑥		売上債権回転日数	⑤÷(①÷365)	日	107	130	152

ケース・スタディ

事例5 旅館

創　業	1960年代	社員数	5名
売上高	5,300万円	借入金	3億5,000万円
経営者	社長（50代女性），専務（30代長男）		

　某有名温泉街の，部屋数20程度の小さな旅館の事例です。

　当館の直近の財務状態は，借入が売上の6倍以上となっており，約定通りの返済ができない状況でした。これは，平成10年頃にリニューアルを行った際の多額の借入が原因です。当時は，このリニューアルによって，売上が7,400万円から2年間で一気に2億円を超えました。しかし，温泉街全体の宿泊客が減少し，それに伴い，当館の旅行客も減少していきました。また，当館のもう1つの顧客であるゴルフパックの顧客も，ゴルフ人口の減少により大きく減少しました。その結果，十数年間で売上は4分の1にまで縮小してしまいました。

　リニューアルによって，ハード面は良好です。外装，内装共にきれいで，壁などに傷もほとんどありません。個室料亭も完備されて雰囲気があり，露天風呂もとても風情があります。問題はソフト面です。じゃらんの口コミでは，接客に関するマイナス評価が多く掲載されていました。料理も悪くないのですが，説明がないために，高評価を得られていません。その影響で，ハード面の評価も低くなっていました。

　今後の改善策の1つは，徹底した接客・サービスの改善です。これだけで，売上はある程度向上していくと想定されます。

第6章
事業調査報告書の全体構成と会社概要

6-1　事業調査報告書の全体構成

6-2　「Ⅰ　調査概要」の全体構成

6-3　「Ⅱ　会社の概要」の全体構成

6-4　会社概要

6-5　株主構成

6-6　組織概要

6-7　沿　革

6-8　事業構造の特徴

6-9　窮境の状況

6-10　窮境要因

6-1
事業調査報告書の全体構成

　ここから，実際の事業調査報告書の中身について説明していきます。一つひとつの項目には意味がありますので，各項目をどういう視点で確認すればよいか，しっかり把握してください。

●事業調査報告書の構成（目次）

　事業調査報告書の全体像は右図の通りです。各章の詳細についてはこの後に説明しますが，まずは全体像をおさえてください。ちなみに，最初にある「サマリー」とは，報告書の内容をまとめたものであり，1ページで，報告書の概要をすべて表現したものです。この1ページしか読まない人もいますので，いかにわかりやすく完結に，かつ中身のあるものにするかが大事になります。ただ，サマリーも体系化していますので，その通りに作成すれば，良いサマリーを作成できるようになります。

●作業の順番も大切

　右記の通り，報告書はさまざまな章から構成されていますが，慣れていなければ，どういう順番で作成していけばよいのかがわからず，作業が行ったり来たりになって非効率になります。また，順番が不明確だと，全体像を捉えにくくなり，各項目を個別に考えてしまって，報告書の一貫性が失われてしまいます。無理なく効率的に作業を行い，報告書の一貫性を保って報告書の完成度を高めるには，作業の順番も重要です。右図にその順番を記載します。ヒアリング前に，外部環境分析と収益構造の特徴，会社概要の一部を完成させておけば，相手企業の概要を把握した状態でヒアリングに入ることができます。

目　次

サマリー
Ⅰ　調査概要
Ⅱ　会社の概要
　1．会社概要
　2．株主構成
　3．組織概要
　4．事業概要
　5．窮境の状況と窮境に至った経緯
Ⅲ　外部環境分析
　1．国内市場の景気動向
　2．業界特性
　3．仕入素材の価格変動
　4．同業界の動向
　5．競合他社状況
　6．得意先業界の動向
　7．消費者動向

Ⅳ　収益構造の特徴
　1．直近3年間の業績推移（簿価財務諸表ベース）
　2．顧客別分析
　3．商品別分析
Ⅴ　内部環境分析
　1．経営・組織・人事の現状
　2．営業活動の現状
　3．製造活動の現状
Ⅵ　SWOT分析
Ⅶ　窮境要因除去の可能性と今後の方向性

作業の順番

順番	章
1	「Ⅲ　外部環境分析」「Ⅳ　収益構造の特徴」
2	「Ⅰ　調査概要」「Ⅱ　会社の概要（窮境要因以外）」
3	「Ⅴ　内部環境分析」
4	「Ⅵ　SWOT分析」
5	「Ⅱ　会社の概要（窮境要因）」
6	「Ⅶ　窮境要因除去の可能性と今後の方向性」
7	「サマリー」

6-2

「Ⅰ　調査概要」の全体構成

● **「調査概要」の項目とその内容**

　事業調査報告書の最初の章は，「調査概要」です。調査概要は，事業調査報告書の中身ではなく，その取組みについてまとめたものです。

　「調査対象会社」は，報告書の対象となった会社の基本情報です。項目は右の通りです。

　「調査目的」では，この調査，つまり事業DDを実施する目的を明記します。目的は「事業計画書策定の材料獲得」と「再生可能性の判断」となっています。しかしもう1点重要な目的があり，それは，「この企業をどうやって再生させるか（再生シナリオ）を描くこと」です。その答えを明確に，詳細に描き，提案することが，事業DDのゴールであることを忘れてはいけません。ちなみに，この文章は固定で問題ありません。

　「調査の方法」は，調査に使用した資料は何か，誰にヒアリングしたかを簡潔に示したものです。使用した資料は簡潔に明記し，ヒアリングの対象者は，経営者と各部門の代表者のみを記載します。その他の社員にヒアリングしている場合は，名称を省略し，「他，全〇名にヒアリングを実施」と記載します。

　「分析調査担当者」は，この調査を行った担当者の会社名，名前，そして中小企業診断士等の士業の人であれば，その資格名を明記します。

　「調査対象期間」は，この調査報告書の作成期間を明記します。通常は，最初のバンクミーティングが開始日で，終了時は，報告書が完成した日を明記します。

調査概要(例:金属加工会社)

Ⅰ 調査概要

1. 調査対象会社
   会社名:株式会社狛江電機
   所在地:東京都狛江市狛江町1-1-1
   代表者:東京太郎
   業　種:金属加工業

2. 調査目的
   今般の調査は,会社の事業計画策定に資する基礎情報を得るための一環として,その再生可能性を客観的に判断するために,事業面に関する実態調査を行ったものである。

3. 調査の方法
   調査は,決算書,会社案内,その他関連資料を入手した上で,代表取締役他にヒアリングを実施し,主として事業性につき定性および定量分析を行っている。

   【主要ヒアリング対象者】
   　　　代表取締役社長　　東京太郎　(経営全般)
   　　　取締役　　　　　　東京花子　(経営全般)
   　　　営業部長　　　　　銀座次郎　(営業全般)
   　　　工場長　　　　　　新宿大輔　(製造全般)

4. 分析調査担当者
   株式会社レヴィング・パートナー　寺嶋直史　(中小企業診断士)

5. 調査対象期間
   平成26年10月20日～平成26年11月20日

6-3

「Ⅱ 会社の概要」の全体構成

● 「会社の概要」の全体構成

　報告書の第Ⅱ章は「会社の概要」です。会社の概要は，対象企業の概要をまとめたもので，この章を読むだけで，この会社の現在の姿が把握できるようになっています。

　「会社概要」は，本社や事業所の所在地，事業内容，法人設立年月，資本金，社員数，取引銀行など，会社案内等でその企業を簡単に紹介する時に示される会社の基本情報です。ここで，会社の規模はどの程度で，どの範囲で何を営んでいるかを把握します。

　「株主構成」は，各株主の氏名と持株比率等を明記します。ここで，社長がどの程度の保有率かを確認します。比率が小さかったり，株主でない（サラリーマン社長）場合は，ヒアリングの際に，社長のモチベーションや責任感について，気にかける必要があります。なお，株主構成は，税務申告書の別表二に記載されています。

　「組織概要」は，組織図と組織体制を記載し，どのような体制で企業が運営されているのかを把握します。また，この項目に「親族図」も追加することをお勧めします。中小企業は家族経営の場合が多く，親族間の人間関係でもめているケースもあるからです。また，親族図があると，後継者候補（社長の子供）がいるかどうかも確認ができます。

　「事業概要」は，沿革と事業構造について明記します。沿革は，会社設立から現在までの主要な出来事を明記します。事業構造は，ビジネスフロー俯瞰図を明記し，会社の事業全体の流れと，各工程に関する概要の説明を行います。この項目で，事業内容をある程度把握できるようにします。

なお，フロー図には「事業フロー」と「業務フロー」の２種類があり，事業フローは，事業全体の流れで，「どこから仕入れて（仕入先），どう加工して（自社），どこに販売するか（販売先）」の流れを示すもの，業務フローは，各業務の詳細の流れを示すものです。ここでは，事業フローを明記し，業務フローは内部環境（営業，製造等）で記載します。

そして最後が「窮境状況と窮境に至った経緯（窮境要因）」です。過去からどのように状況が悪化していったのか，現在はどの程度の窮境状況に陥っているのかを，売上高と借入金残高，営業利益等を時系列でまとめ，続いて，窮境に至った経緯，つまり「なぜこのような窮境の状況に陥ったのか」を示す窮境要因を明記します。

「会社の概要」の全体構成

```
Ⅱ　会社の概要
  １．会社概要
  ２．株主構成
  ３．組織概要
    (1)　主要役員の状況
    (2)　組織図
    (3)　親族関係
  ４．事業概要
    (1)　沿革
    (2)　事業構造の特徴
  ５．窮境の状況と窮境に至った経緯
    (1)　窮境の状況
    (2)　窮境に至った経緯（窮境要因）
```

6-4
会社概要

● 「会社概要」の項目とその内容

　会社概要の最初は，会社の商号です。商号とは会社名のことで，「○○株式会社」「○○有限会社」というものです。必ず「株式会社」「有限会社」まで明記します。また，旅館や小売店などで，会社名とは異なる屋号をつけている場合は，称号の下に「屋号」の項目も追加して記載します。

　「代表者」は，代表取締役を記入します。代表が会長・社長等，複数存在する場合は，複数記入します。

　「本社所在地」は，本社の住所を明記します。

　「創業」は，法人化する前に個人事業主として営業していた場合，その個人事業を開始した年月を記入します。そして「法人設立」は，法人（株式会社・有限会社）を設立した年月です。この会社が創業や設立してどの程度経過しているのか，その歴史の長さを把握します。

　「資本金」は，現在の資本金を記入します。

　「社員数」は，社長を含めた正社員とパートの数を記入します。この社員数で，その会社の規模をイメージすることができます。

　「事業所」は，本社と，本社以外の事業所（工場・営業所・小売店），関連会社の名称と住所をすべて記入して，その会社の事業領域がわかるようにします。例えば，メーカーの場合，事業所が本社だけであれば，本社のある地域だけで営業を行っている，つまり本社の周辺地域が事業領域であると想定されます。一方で，各地に支店があれば，それぞれの地域で幅広く営業を行っていることがわかります。また，小売店であれば，各店舗の周辺が商圏であるため，事業展開の規模がわかります。

「取引銀行」は，預金銀行ではなく，借入している銀行を明記し，どの金融機関からの借入があるのかがわかるようにします。金融機関名を明記する順番は，借入残高の多い順番で明記するのが妥当です。各行の借入残高は，直近の税務申告書で確認できます。

「主要得意先」「主要仕入先」は，売上高と仕入高の多い業者数社を2～3社を明記します。

会社概要（例：金属加工会社）

1．会社概要

商号	株式会社狛江電機	
代表者	東京太郎	
本社所在地	東京都狛江市狛江町1-1-1	
創業	昭和40年2月	
法人設立	昭和45年7月	
資本金	10,000,000円	
社員数	10名（正社員8名，パート2名）	
事業所	本社	東京都狛江市狛江町1-1-1
	工場	東京都狛江市狛江町1-1-2（本社に隣接）
事業内容	金属加工	
許認可	なし	
取引銀行	登戸銀行，狛江信用金庫	
主要得意先	和泉多摩電機，調布電子工業，世田谷商事	
主要仕入先	多摩工業，川崎商事，狛江電子部品	

6-5 株主構成

● 「株主構成」の内容

　株主構成には，資本金と発行済株式総数，そして，可能な限りすべての株主名と，種類，保有株数，持株比率，続柄，そして直系親族保有株式数とその比率を明記します。

　「種類」とは株式の種類のことで，「普通」「優先」のいずれかを明記します。「普通」とは普通株式のことで，一般的に売買される株式で（中小企業はほとんどが未上場のため，売買されることは稀です），単に「株式」と言えば，この普通株式を指します。中小企業の株式はほとんどが普通株式です。一方，「優先」とは優先株式のことで，種類株式の一種ですが，普通株式より配当金を優先的に受け取れる，あるいは会社が解散した時の残余財産を優先的に受け取れる等，出資者にとって権利内容が優先的になっている株式のことをいいます。ただし，その代わりに，会社の経営に参加する権利（議決権）については制限されるのが一般的です。

　「保有株式」「持株比率」は，各株主の保有する株式数と全体の保有比率を明記します。ここでおさえるべき持株比率のポイントが2点あります。それは，特別決議と普通決議の保有比率です。

　持株比率が3分の2（66.6%）以上あれば，株主総会の特別決議を単独で成立させられます。特別決議とは「会社の合併・分割，事業の全部譲渡，定款変更等」です。また，持株比率が2分の1（50.0%）超で，株主総会の普通決議を単独で成立させられます。普通決議とは「取締役の選任・解任，監査役の選任，取締役・監査役の報酬，配当など剰余金の分配等」です。つまり，持株比率が2分の1超あれば，会社をほぼ独占できる

ことになり，社長個人で50%超あるかどうかが１つの視点です。ちなみに，前述しましたが，社長の持株比率が小さかったり，株主でない（サラリーマン社長）場合は，社長のモチベーションや責任感がどの程度のものなのか，確認する必要があります。サラリーマン社長の場合，借入の連帯保証人ではない場合が多く，すべて放棄して社長を退任するという「逃げ道」があるため，責任感が薄れるケースが多いといえます。

また，直系親族（祖父母・親・子供・孫）の持株割合が３分の２以上，あるいは２分の１超あるのかも１つの視点です。中小企業では，兄弟同士が対立することが時々見受けられるため，あくまで直系親族で会社を独占できる状態にあるのかが重要になります。

株主構成は，税務申告書の別表二に記載されています。

株主構成（例）

2．株主構成
資本金：10,000,000円，発行済株式総数：10,000株

順位	株主名	種類	保有株数	持株比率	続柄
1	東京太郎	普通	6,000株	60.0%	本人
2	東京花子	普通	1,000株	10.0%	代表の妻
3	東京一郎	普通	1,000株	10.0%	代表の長男
4	銀座次郎	普通	1,000株	10.0%	部下
5	新宿大輔	普通	500株	5.0%	部下
6	東京　清	普通	500株	5.0%	代表の弟
	計		10,000株	100.0%	

※直系親族保有株式数：8,000株（80.0%）

6-6
組織概要

●主要役員の状況
　主要役員には，役員（常勤・非常勤）と監査役を明記します。ここでは，社長以外にこの会社で経営を担っているのは誰なのかを確認します。役員は，法人登記簿謄本（登記事項証明書）を確認すればわかりますが，ヒアリングで確認してもかまいません。

●組織図と組織体制
　組織図と組織体制を記載します。組織体制は，機能別（部門別），役職別等に，人数も明記します。組織図と組織体制を確認することで，その企業の，事業への取組み姿勢が明らかになります。例えば，営業に注力している企業は，営業の人数が多いですが，反対に営業を重要視していない会社は，営業マンが少ない，あるいは営業部門がない，というケースもあります。その場合，営業力が課題ではないかと想定できるわけです。その他，人数が多い部門は仕事量が多いと想定されます。そして人が多いほど，業務効率化のしくみが必要になりますが，しくみが未確立で煩雑になっている可能性もあります。なお，組織図がない企業も多いため，その場合は新たに作成してください。

●親族関係図
　社長の親兄弟，子どもの関係がどうなっているのか，社長の子どもはその会社に従事しているのか，後継者候補かを確認します。中小企業は家族経営の場合が多く，兄弟の間の対立で事業が非効率な状況に陥っているケースもあります。また，後継者がいるかどうかの視点も確認できます。中小企業にとって後継者の存在は，事業を継続する上で重要な関心事です。

組織概要（例：金属加工会社）

３．組織概要
(1) 主要役員の状況（平成26年11月１日時点）

役職	氏名	担当業務等
代表取締役社長	東京太郎	経営全般
取締役	東京花子	会計全般

(2) 組織図（平成26年11月１日時点）

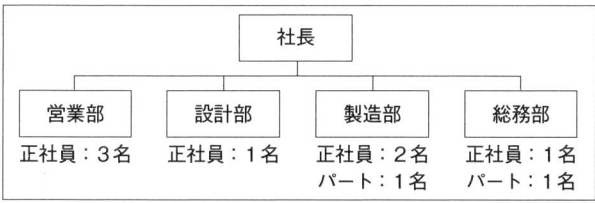

```
            社長
  ┌─────┬─────┼─────┬─────┐
営業部   設計部   製造部   総務部
正社員：3名 正社員：1名 正社員：2名 正社員：1名
                    パート：1名 パート：1名
```

	取締役	部長	工場長	課長	正社員	パート	合計
経営者	1						1
営業部		1		1	1		3
設計部					1		1
製造部			1		1	1	3
総務部	1					1	2
合計	2	1	1	1	3	2	10

(3) 親族関係

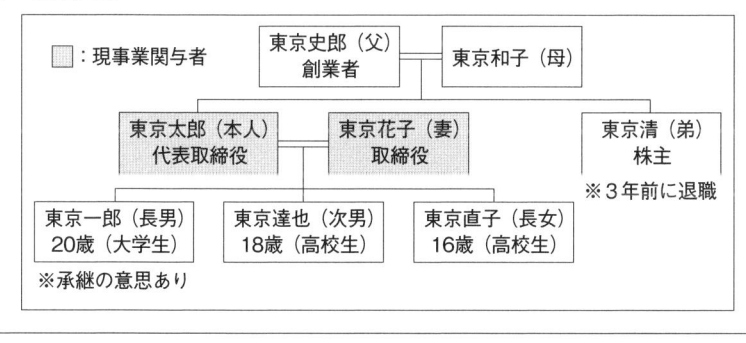

```
▩：現事業関与者

            東京史郎（父）──東京和子（母）
              創業者
  ┌─────────────┼─────────────┐
東京太郎（本人）──東京花子（妻）    東京清（弟）
 代表取締役      取締役            株主
                              ※３年前に退職
  ┌──────────┼──────────┐
東京一郎（長男） 東京達也（次男） 東京直子（長女）
20歳（大学生）  18歳（高校生）  16歳（高校生）
※承継の意思あり
```

6-7 沿革

●会社の歴史を振り返る

沿革とは物事の移り変わりや歴史のことで，ここは，会社の創業から現在までの出来事を，ダイジェストで明記する項目です。

沿革は，主に以下の内容について明記します。沿革がまとまっていない企業もあるので，以下の項目でヒアリングしてまとめます。

- 創業者，創業の経緯
- 大幅な売上拡大・縮小の要因
- 売上規模の大きい重要顧客との取引開始・取引停止とその理由
- 売上規模の大きい商品の販売開始・撤退とその理由
- 新たな事業の開始・撤退とその理由
- 現社長の社長就任
- 本社・工場・営業所等の新築・移転とその理由
- 関連会社設立とその理由，関連会社の役割
- 多大な借入とその用途
- 業績拡大・悪化とその理由
- 増資とその用途

●社長が創業者の場合，社長個人の職歴を確認

社長が創業者である場合，社長個人の前職の職歴と，創業にいたった経緯も確認します。これは，前職で培ったノウハウや人脈が，その会社の成長の原動力，強みとなっているケースもあり，逆に，その成功体験が足かせになり，成功体験の手法に固執してしまって視野を狭め，業績が悪化した可能性もあるからです。

●沿革は，社長との信頼関係構築の機会

短期間で社長との関係性を構築すれば，ヒアリングもスムーズになり，

今後の施策に関する提示の際にも，社長の納得感を得られやすくなります。関係性構築には，コンサルタントが社長の話をしっかり傾聴し，共感する姿勢を見せることも重要です。再生企業の社長は，肉体的にも精神的にも相当な苦労をしながら，再生に取り組んでいます。そのような中で，今までの成功体験や苦労話などをしっかり聞くことによって，社長に心を開いてもらい，ありのままを話してもらいます。その機会となるのが，この「沿革」でのヒアリングです。コンサルタントは中立でなければなりませんが，社長の気持ちになって，それを理解した上で，再生の可能性を判断し，再生方法を探っていくことも必要だと考えます。

沿革（例：金属加工会社）

4．事業概要
(1) 沿革

昭和40年2月	代表者父東京史郎が，大手電機メーカーを退社し，現本社で部品加工業を創業
昭和45年7月	株式会社狛江電機として法人設立，資本金500万円
昭和52年	狛江医薬機器との取引開始
昭和56年	理化学用機器の製造開始
昭和60年	調布電子工業と取引開始，売上が拡大する
昭和62年	売上拡大に伴い，本社の隣に工場を新設，最新切削加工機導入
平成3年4月	現代表取締役社長の東京太郎氏が入社
平成15年	東京史郎氏が退任，東京太郎氏が社長に就任し，新体制となる
平成16年7月	資本金1,000万円に増資
平成18年	世田谷商事と取引を開始し，売上拡大を図る 資本金1,000万円に増資
平成19年	資本金1,500万円に増資
平成20年9月	リーマンショックで，顧客の多くが業績悪化し，その煽りを受けて当社の売上も大幅に減少
平成22年	ほぼ使われていなかった大型加工機械を売却
平成23年3月	東日本大震災により日本全体が自粛ムードとなり，需要が減少，さらなる売上減少に陥る
平成25年	大口顧客の和泉多摩電機が海外に工場を新設し，業務の一部を海外へ移管したため，同社向け売上が大幅に減少

6-8
事業構造の特徴

　この項目で，読み手に対し，ビジネスの全体像を把握してもらいます。全体像が理解できなければ，詳細の話の理解度も低下するため，ここでわかりやすく明記することが非常に重要になります。

●ビジネスモデル俯瞰図

　「事業構造の特徴」では，ビジネスモデル俯瞰図を作成し，それに関する概要説明を記載します。ビジネスモデル俯瞰図とは，どこから材料を仕入れ（仕入），自社で何をして（自社），どこに向けて販売しているのか（販売）の事業フローを図で示したものです。テクニックとして，左側を仕入，右側を販売先にして，左から右へ目線が流れるように配置すると，わかりやすくなります。矢印が四方八方に向いていると，事業構造が見えにくくなるため，一方向に統一することがポイントです。

　「仕入」は，業種，あるいは材料ベース等でまとめて，各々が仕入全体に対してどの程度の割合を占めているのかを示します。また，メーカー直，卸経由など，仕入のルートも明確にします。

　「自社」では，自社で行っている業務の概要を明記します。例えば製造の場合は，製造工程の概要を示し，自社で行っている加工内容を明確にします。自社での加工の際，外注等の取引がある場合は，それも明記します。また，事業内容に制限がある場合は，その内容と領域も明記します。例えば右図では，自社で行う加工は「板金・切削加工」のみで，その他の加工は外注しています。なお，主要製品が複数あってフローが異なる場合は，ビジネスモデル俯瞰図を複数記載する必要があります。

　「販売」では，販売先を企業や業種，媒体ベース等でまとめて販路を明

確にし，各々が売上に占める割合を示します。

● グループ会社取引

ビジネスモデル俯瞰図の中で，グループ会社が自社とどのように関連しているのかを明記します。グループ会社との取引は，会社の本業以外での事業である場合は，グループ間取引の俯瞰図を新たに作成します。

事業構造の特徴（例：金属加工会社）

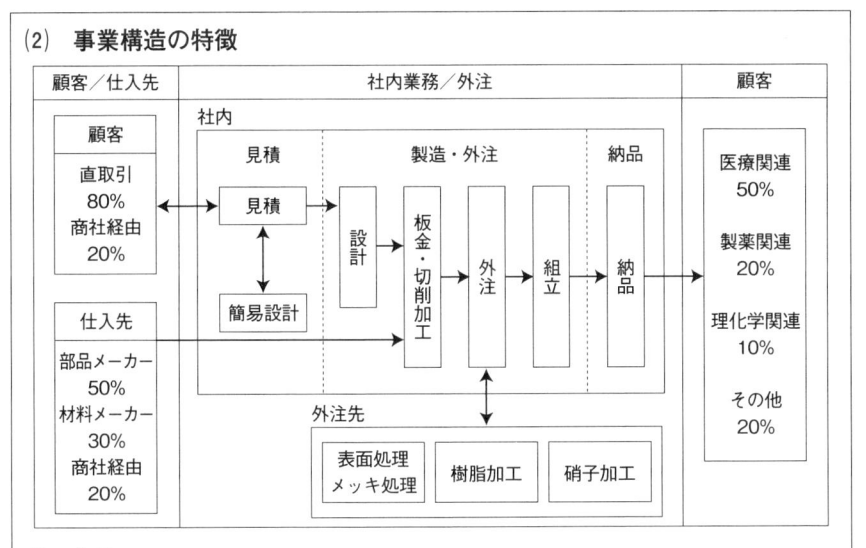

(2) 事業構造の特徴

顧客／仕入先	社内業務／外注	顧客
顧客 直取引 80% 商社経由 20% **仕入先** 部品メーカー 50% 材料メーカー 30% 商社経由 20%	社内：見積（見積／簡易設計）→ 製造・外注（設計／板金・切削加工／外注／組立）→ 納品 外注先：表面処理・メッキ処理／樹脂加工／硝子加工	医療関連 50% 製薬関連 20% 理化学関連 10% その他 20%

① 自社

　当社は製薬関連機器，医薬関連機器，理化学関連機器（薬を製造するために必要な設備や備品）向けを中心とした，金属加工，樹脂加工，ガラス加工等，各種加工を行う会社である。当社の主な特徴は，(a)受注する案件の多くは特注品であること，(b)金属加工・樹脂加工・ガラス加工等，さまざまな加工を一括で請け負うことができること，(c)製図から制作，配送までワンストップで対応すること，(d)顧客は製図を行わないため，当社が製図を行うこと，である。

　顧客からの制作依頼に対し，まずは制作物のイメージや寸法等のヒアリングを行う。その後，自社にてCADを使って簡単な図面を制作し，見積書と合わせて図面を顧客に提示する。CADで製図を行うのは，営業が担当する。

　　　　　　　　　　……

6-9
窮境の状況

●窮境状況とは

　「窮境状況」とは，その会社の経営状況，つまり収益状況と財務体質がどの程度悪化しているのかを示すものです。前述で，再生企業の定義を「赤字・資金繰り悪化」と「借入過多」と説明しましたが，これらの悪化状況を時系列で示します。具体的には，右図上段の売上高と借入金（短期・長期の合計）の推移，中段の売上高と営業利益（経常利益）の推移，そして下段の財務基盤の推移です。

　ここでおさえておきたいのは，右図上段の表にある「売上高借入金比率（借入／売上）」です。業種にもよりますが，この割合が50％を超えると約定通りの返済が厳しくなり，危険な状況だということをおさえてください。このイメージを持つことが大切です。

　例えば，売上高借入金比率が100％，つまり，売上高と借入残高がほぼ同じであったとします。支払利息が３％であれば，売上高借入金比率も３％となり，これを全額返済するには，売上高営業利益率が最低でも３％以上なければならないのです。しかしそれでは元金が返済できないため，利息と同じ金額の元金返済が必要だとすると，売上高営業利益率は，最低でもその倍の６％以上必要になるのです。再生企業は，元々収益性が低いのに，再生するにはこれほど高い利益率の確保が必要になるわけです。この状況では，約定通りの返済は困難であり，金融支援が必要になっていくのです。再生企業は，この売上高借入金比率が100％を超える企業も珍しくありません。そのため，事業再生では，銀行の理解と金融支援が不可欠なのです。

第6章 事業調査報告書の全体構成と会社概要　91

窮境の状況（例：金属加工会社）

5．窮境の状況と窮境に至った経緯
(1) 窮境の状況

■売上高と借入金の推移状況（単位：千円, %）

決算期	売上高	借入金	借入/売上
H17.4期	283,837	112,688	39.7%
H18.4期	260,383	143,766	55.2%
H19.4期	253,583	162,777	64.2%
H20.4期	255,383	159,371	62.4%
H21.4期	233,839	154,684	66.1%
H22.4期	258,389	149,172	57.7%
H23.4期	238,383	154,866	65.0%
H24.4期	203,890	139,423	68.4%
H25.4期	178,384	136,767	76.7%
H26.4期	173,788	134,938	77.6%

■売上高と営業利益，経常利益の推移状況（単位：千円）

決算期	売上高	営業利益	経常利益
H17.4期	283,837	14,297	9,537
H18.4期	260,383	4,028	−2,835
H19.4期	253,583	10,908	4,628
H20.4期	255,383	856	−6,431
H21.4期	233,839	−11,761	−18,788
H22.4期	258,389	23,458	17,423
H23.4期	238,383	24,419	17,307
H24.4期	203,890	8,626	1,853
H25.4期	178,384	3,735	−2,182
H26.4期	173,788	3,271	−2,583

■財務基盤の健全性（単位：千円, %）

決算期	総資産	純資産	自己資本比率
H17.4期	175,483	8,250	4.7%
H18.4期	206,979	10,331	5.0%
H19.4期	202,355	19,773	9.8%
H20.4期	180,584	12,869	7.1%
H21.4期	161,364	−6,067	−3.8%
H22.4期	149,805	−2,018	−1.3%
H23.4期	173,111	12,298	7.1%
H24.4期	154,313	13,836	9.0%
H25.4期	154,230	11,473	7.4%
H26.4期	147,451	8,710	5.9%

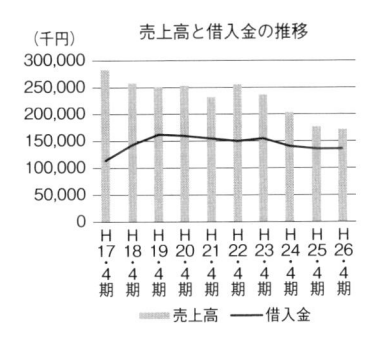

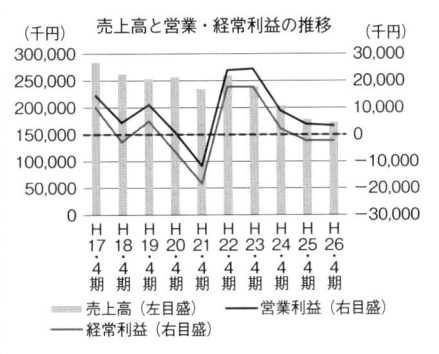

上段の表で，売上高は過去5年間減少しており，当社の売上は減少傾向である。売上高借入金比率は直近で77.6%と高く，売上に対する借入の返済負担が大きい。中段の表で，営業利益は，H21.4期のマイナス以外はほぼプラスであるが，売上減少に伴い，直近2期の経常利益はマイナスとなっている。下段の表では，H21.4期とH22.4期に債務超過に陥り，それ以降は回復したが，純資産額は極めて小さく，さらに減少傾向であるため，厳しい財務基盤の中での経営が続いている状況である。

6-10
窮境要因

●**窮境要因とは**

窮境要因とは，収益の悪化と借入過多という窮境状況に陥った根本的な要因のことです。企業に内包しているさまざまな問題の原因を掘り下げていき，到達する要因を表しています。

以下に，主な窮境要因と，それに紐づく問題点の例を示します。

	窮境要因	問題点等（例）
外部環境	不可避事態発生	・リーマンショックによる影響 ・東日本大震災による影響 ・競合他社の参入による競争激化
	経済環境変化 事業構造変化	・大手小売店進出による小規模専門店の衰退 ・消費者の嗜好変化による業界衰退
内部環境	特定顧客への高依存体質	・売上占有率の高い顧客の売上減少
	特定商品への固執	・新商品開発への取組み不足 ・新商品の営業活動不足
	情報管理体制の未整備	・現金管理不足，資金繰り表未作成 ・顧客別売上の予実管理の未実施
	組織体制の不備，非効率な事業運営体制	・生産・事務処理等の業務のしくみが未構築で非効率 ・報告・情報共有体制が未構築 ・営業マン退社による顧客流出
	人材育成体制の欠如	・熟練技術者の退職による品質低下
	危機意識の欠如	・経営者の借入依存体質 ・経営者の当事者意識の欠如
	改善・新たな取組みの意識の欠如	・問題点に対する改善取組み欠如 ・問題点放置，クレーム未処理
	隠蔽・虚栄体質	・粉飾決算の恒常化
	ガバナンス欠如	・経営者のワンマン体制
	経営体制不備	・経営者の思いつき，思い込みによる施策の乱発

窮境要因（例：金属加工会社）

(2) 窮境に至った経緯
① 不可避事態発生による影響
　H20年９月に発生したリーマンショックにより，世界同時不況が発生し，国内も多大な影響を受けた。当社の得意先も業績が大幅に悪化し，案件が減少，当社の売上も減少した。また，その数年後のH23年３月に東日本大震災が発生して，国内が自粛モードとなり，同様に得意先の売上減に伴い，当社の業績も悪化した。

② 非効率な事業運営体制
　組織面について，当社の組織体制が未確立であり，各部門の役割分担が曖昧なため，やる気のある社員に業務が増え，結果として業務分担に偏りが大きくなっている。また，社内でOJTによる育成のしくみがないため，社内の成長スピードも遅い。営業面では，見積金額の算出方法が不適切なため，慢性的な低利益状態に陥っている。また，見積作業が膨大で，営業の事務作業の支援体制がないため，営業の負担が大きく，営業マンの新規案件を取りにいく意識が希薄となっている。製造面では，当社の加工技術が未熟なため，営業は簡単な作業も外注に出している。また５Ｓが未徹底で現場は不衛生な状態である。その他，営業部から製造部へ提示する作業指示書もなく，ルーチンが未確立なため，業務が煩雑化している。

③ 改善・新たな取組みの意識の欠如
　長期間業績が悪化している状況であるにもかかわらず，改善や，新たな取組みが行われず，その意識も欠如している。営業について，既存顧客の既存担当者への訪問のみで，新規開拓や横展開は行っていない。営業ツールも未作成で，新たな顧客獲得への取組みは一切行っていない。そもそも，営業マンの技術的知識が不足しており，提案営業が困難な状況である。

④ 管理体制の未構築
　当社は全般的に管理体制がない。経営に必要な数値管理，顧客別予実管理のほか，製造部での工程管理，納期管理，在庫管理，ロス管理などのしくみが皆無であり，各個人が自身の仕事だけを自身のやり方で実施している状態である。

⑤ 特定顧客への高依存体質
　既存の大口顧客の売上・利益の占有率が高く，依存した収益構造となっているため，その大口顧客からの注文の減少により，現在の業績悪化を招いている。

⑥ 経営体制の不備
　社長がワンマンで，周囲の助言を一切受け入れない性質なため，周囲で社長に助言する人材がいない。また，予実管理も未実施でPDCAが回るしくみがなく，現状把握もできていないため，問題点の把握や改善への取組みまで至らない。

ケース・スタディ

事例6 ホテル

創　業	2000年代	社員数	42名
売上高	2億4,000万円	借入金	3億3,000万円
経営者	支配人（50代）		

　地方の温泉街の，部屋数40以上ある中規模ホテルの事例です。

　社長は経営には一切関与せず，創業当時から経営は支配人に任せています。支配人は，株主でも借入の連帯保証人でもありませんが，別のホテルで支配人の経験があり，業績を伸ばしたそうです。しかし，創業当時から業績は芳しくありません。支配人は非常にワンマンで，思いつきで決断して社員に指示を出し，うまくいかなければ社員の責任にする，という状況でした。さらに，自身は高年齢でモチベーションは低下してきていると言って，無責任な発言を繰り返していました。私が問題点を指摘しても，「料理長が悪い」などと発言し，改善に耳を貸そうとしないのです。

　接客は良好で，社員全員が笑顔で顧客と対応していました。しかし，じゃらんの書き込みでは，接客で非常に低い評価もありました。これは，フロントに1名，態度の悪い社員がいるためでした。そのフロント係は注意しても改善しないのですが，支配人から交代の指示がないため，そのままフロント係をしていました。

　まずは，支配人を交代しなければ何もうまくいかないでしょう。支配人は株主でも保証人でもないので可能です。問題のフロント係も顧客と接触のない業務に即異動すべきです。その上で，現場からの改善を推進し，サービス向上に取り組むことが必要です。

第7章

事業調査報告書の外部環境分析

7-1 「Ⅲ 外部環境分析」の全体構成
7-2 国内市場の景気動向
7-3 仕入先業界の分析
7-4 同業種の業界分析
7-5 競合他社分析
7-6 小売店分析
7-7 消費者動向の分析

7-1

「Ⅲ　外部環境分析」の全体構成

　本章では，事業調査報告書の第Ⅲ章「外部環境分析」について説明します。まずは全体構成です。なお，外部環境の調査先については「5-3 外部環境の調査方法」を参照してください。

●**外部環境の位置付け**

　外部環境とは，企業を取り巻く環境で，自社でコントロールできない外部の環境であり，大きく「マクロ環境」「市場環境」「競争環境」に分かれます。外部環境は，戦略策定に当たって重要な項目ではありますが，経営資源が少なく戦略策定の選択肢が限定される中小企業では，特に大きな成長戦略を描くことが困難な再生企業にとっては，外部環境分析は大企業ほど重要ではありません。したがって，外部環境分析に多くの時間を費やす必要はありません。

●**外部環境分析の概要**

　外部環境分析の全体像は右図の通りです。

　「国内市場」は，業種に関係なく，日本全体，あるいは各地域での現在の業況について述べたものです。

　「仕入先業界」は，取扱商品を製造するメーカーの市場や，場合によっては，その会社が使用する材料の価格変動について示します。例えば，食品関係では小麦の輸入価格，樹脂加工メーカーであれば原油価格などです。原価に大きく影響を及ぼすものを1種類に絞って記載したほうがよいでしょう。

　「同業種」は，その会社の業界の業況について記載します。この同業界については，市場動向のほか，必要に応じて業界特性も記載します。業界特性は，アクションプランを検討する際，業界特性に適合した施策を構築

する必要があるため，非常に重要です。

「競合他社」は，同業種の中で，特に直接競合となる会社をピックアップして分析していきます。競合他社と自社を比較し，自社の強み，弱みを発見していくため，この分析は極めて重要です。

「販売先業界」は，その会社の商品が法人向けの場合，販売先の業界の業況について示します。販売先の業種が大きく落ち込むと，当然その会社の業績も悪化することになります。

最後に「消費者動向」は，商品が一般消費者向けの場合，消費者の，その商品の消費状況や支出状況を調査します。

外部環境分析の全体構成

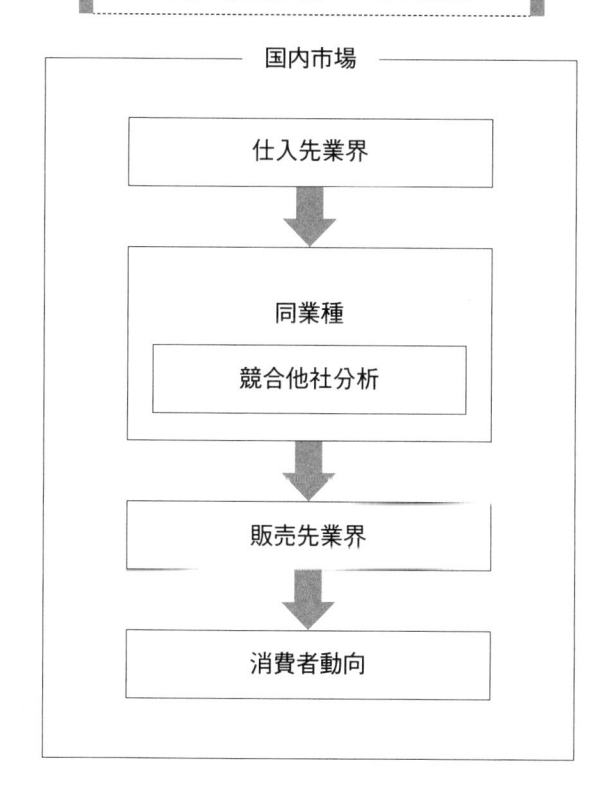

国内市場
- 仕入先業界
  ↓
- 同業種
  - 競合他社分析
  ↓
- 販売先業界
  ↓
- 消費者動向

7-2

国内市場の景気動向

　ここからは個別の外部環境分析について説明します。まずは国内市場の景気動向を確認する資料として，以下の2点をご紹介します。

●さくらリポート
　さくらリポートとは，日本銀行が3ヶ月に1回の年間4回（1月，4月，7月，10月），地方の支店の報告などをもとにして，全国9地域の経済情勢をとりまとめた「地域経済報告書」の通称です。日本銀行のホームページ上で確認できます。さくらリポートは，地域の景気情勢がまとめられており，北海道から九州・沖縄まで，全国9地域の個人消費や設備投資，物価などの動向を分析しています。また，右図のように，3ヶ月前と比較した各地域の景気の変化も示されています。

●中小企業の業況判断DI
　中小企業の業況判断DIとは，中小企業庁が四半期ごとに，中小企業の景況把握のために「中小企業景況調査」を実施して，集計・公表したもので，「中小企業景況調査報告書」の中に記載されています。調査方法は，各業種の企業にアンケートを行い，さまざまな項目の状況を3択で選択してもらいます。例えば，売上について「増加」「不変」「減少」，自社の業況について「良い」「ふつう」「悪い」などです。これを集計したものが，中小企業の業況判断としてまとめられています。

　右図は，2014年第3四半期の業況判断DIを示しています。真ん中やや左側が大きく落ち込んでいますが，これはリーマンショックの影響によるものです。2014年第3四半期は，リーマンショック前にまで回復していることがわかります。

さくらリポート

	【14/7月判断】	前回との比較	【14/10月判断】
北海道	消費税率引き上げに伴う駆け込み需要の反動が一部にみられているが，基調的には緩やかに回復している	→	基調的には緩やかに回復している。この間，消費税率引き上げに伴う駆け込み需要の反動は，和らいできている
東北	消費税率引き上げの影響による反動がみられるものの，基調的には回復を続けている	↘	消費税率引き上げの影響による反動がみられるものの，基調的には緩やかに回復している
北陸	消費税率引き上げに伴う駆け込み需要の反動の影響を受けつつも，基調的には緩やかに回復している	→	消費税率引き上げに伴う駆け込み需要の反動の影響を受けつつも，基調的には緩やかに回復している
関東甲信越	消費税率引き上げに伴う駆け込み需要の反動がみられているが，基調的には緩やかな回復を続けている	→	消費税率引き上げに伴う駆け込み需要の反動などの影響から生産面を中心に弱めの動きがみられているが，基調的には緩やかな回復を続けている
東海	足もと消費税率引き上げに伴う駆け込み需要の反動もみられているが，基調としては回復を続けている	→	基調としては回復を続けており，消費税率引き上げに伴う駆け込み需要の反動の影響も，幾分ばらつきを伴いつつ全体として和らいできている
近畿	消費税率引き上げに伴う駆け込み需要の反動がみられているが，基調としては緩やかに回復している	→	消費税率引き上げに伴う駆け込み需要の反動がみられているが，基調としては緩やかに回復している
中国	消費税率引き上げに伴う駆け込み需要の反動がみられているものの，基調としては緩やかに回復している	→	生産面で幾分増勢の鈍化がみられるものの，基調としては緩やかに回復している。この間，消費税率引き上げに伴う駆け込み需要の反動の影響は全体として和らぎつつある
四国	消費税率引き上げに伴う駆け込み需要の反動がみられているが，基調的には緩やかな回復を続けている	→	消費税率引き上げに伴う駆け込み需要の反動などがみられているが，基調的には緩やかな回復を続けている
九州・沖縄	消費税率引き上げに伴う駆け込み需要の反動減がみられているものの，基調的には緩やかに回復している	→	基調的には緩やかに回復している。この間，消費税率引き上げに伴う駆け込み需要の反動減は，徐々に和らいできている

出所：日本銀行「さくらリポート」

中小企業の業況判断DI

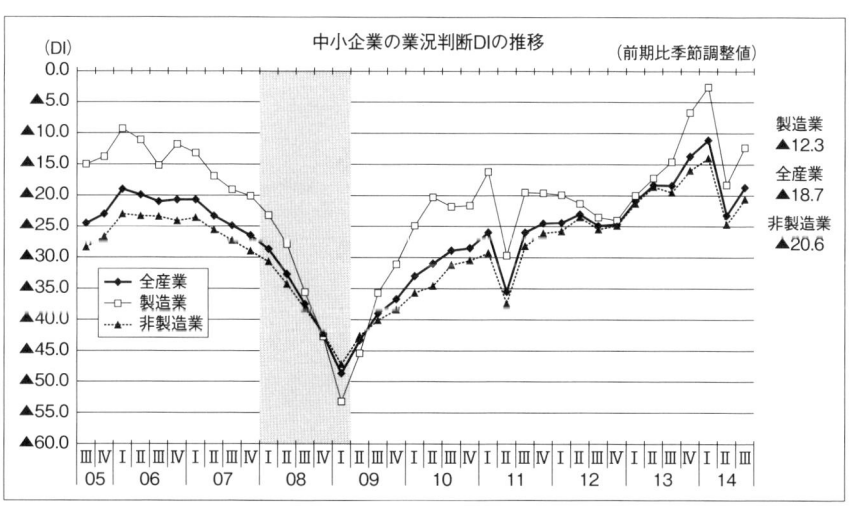

中小企業の業況判断DIの推移　（前期比季節調整値）

製造業 ▲12.3
全産業 ▲18.7
非製造業 ▲20.6

出所：中小企業基盤整備機構「中小企業景況調査」

7-3
仕入先業界の分析

　仕入先業界の分析では，取扱商品を製造するメーカーの市場や，材料の価格変動について調査しますが，ここでは，材料の価格変動の調査について説明します。

●原材料の価格変動

　原材料の価格変動は，会社の経営に多大な影響を及ぼす場合があります。なぜなら，その会社で使う主要な原材料の価格変動が大きければ，原価，および粗利（売上総利益）に多大な影響を与えるからです。例えば，樹脂加工メーカーは，原油価格の変動に大きく影響を受けますし，麺などの小麦粉を主原料とした食品のメーカーや飲食店では，小麦価格の変動に大きく影響を受けます。

　原材料の年度別推移を確認するには，株式会社FREELABOが運営する「世界経済のネタ帳」が参考になります。この世界経済のネタ帳で確認できる主な原材料名は以下の通りです。

主な原材料名

		原材料名			原材料名
エネルギー価格		原油	飲料価格		コーヒー豆
		天然ガス			カカオ豆
		石炭			紅茶
食料価格	穀物	米	金属価格	貴金属	金
		大麦			プラチナ
		小麦			銀
		とうもろこし		軽金属	アルミニウム
	食肉	牛肉		鉄	鉄鉱石
		豚肉	原材料	木材	木材
		鶏肉		繊維	綿花
		ラム肉			ウール

第7章 事業調査報告書の外部環境分析 101

原油価格の推移

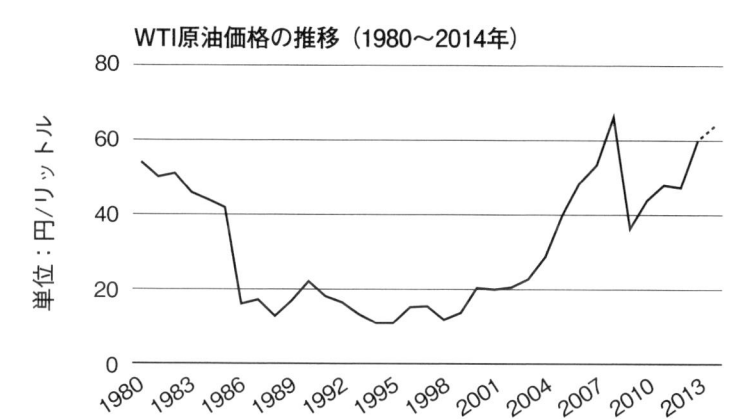

WTI原油価格の推移（1980〜2014年）
単位：円/リットル

出所：株式会社FREELABO「世界経済のネタ帳」

米価格の推移

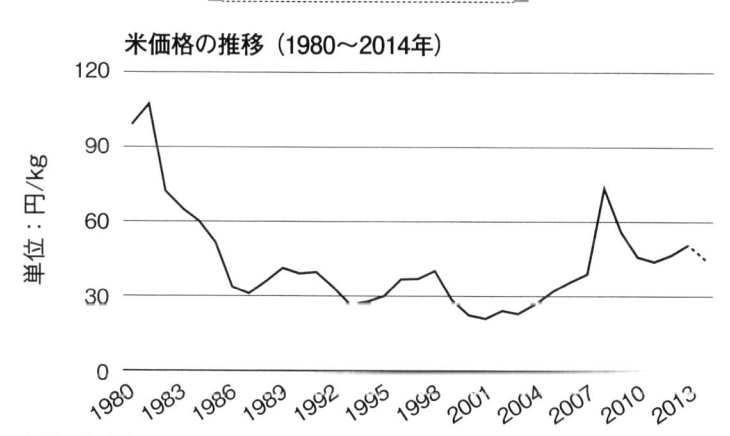

米価格の推移（1980〜2014年）
単位：円/kg

出所：株式会社FREELABO「世界経済のネタ帳」

7-4
同業種の業界分析

　同業種の外部環境分析では，主に「業界特性」と「市場動向」について確認します。市場動向では，経済産業省「工業統計」をピックアップして説明します。

● **業界特性**

　事業特性とは，他の業界では見られない，その業界特有の性質を指します。この特性は，現状把握や分析のみならず，今後の施策に大きく影響を与えるため，ぜひおさえておきたい内容です。例えば，右図の通り，作業服メーカーの調査で「作業服」の特性を見ていく場合，一般アパレルと比較するとわかりやすくなります。この業界特性を踏まえ，作業服の業界は，「流通経路の確保」「安価な仕入・製造体制の確立」等が重要な要素であるということが判明します。

● **経済産業省「工業統計」で市場動向を確認**

　その会社の業界の市場動向を見る場合，経済産業省「工業統計表（産業編）」で，その商品の出荷額と事業所数，従業者数の推移を確認します。右図の通り，「出荷額と事業所数」，「出荷額と従業者数」に分けてグラフ化すると，わかりやすくなります。

　グラフでは「傾向」が確認できますが，表では増減の具体的な「率」がわかります。例えば，グラフを見て，出荷額，事業所数，従業者数，すべてが減少していたとします。この場合，表で10年ほど前と比較した時の各々の減少率を見ることで，その度合いが詳細にわかります。そして，出荷額の減少率と比べて，事業所数の減少率が大きい場合は，主に中小零細の事業所が減少していると想定できます。

業界特性（例：作業服の業界特性）

	作業服	一般アパレル
1	最終ユーザーは法人で，需要は，対象となる労働者数の増減に大きく影響を受ける	最終ユーザーは一般消費者
2	機能性重視	ファッション性重視
3	デザインはほぼ固定	デザインはさまざま，毎年変動
4	商品に特徴が少なく，差別化が困難	商品に大いに特徴があり，差別化できる
5	シーズン性が少ない	シーズンごとに求められるアイテム・デザイン・素材が異なる
6	流行品という概念がない	毎年流行が変わり，直前まで売れ筋が捉えられないことも多い
7	新商品開発サイクルが長い	新商品開発サイクルが短い
8	セール顧客，通常顧客は別れない	セール顧客が存在する

同業種分析（例：金属素形材製品製造業）

金属素形材製品製造業　（単位：人，百万円，％）

	事業所数	従業者数	製造品出荷額
2004	4,096	86,672	1,832,676
2005	4,348	91,568	1,948,025
2006	4,103	92,891	2,021,347
2007	4,053	97,381	2,203,993
2008	4,174	97,266	2,256,594
2009	3,702	86,217	1,723,826
2010	3,603	88,088	1,948,182
2011	3,827	86,626	1,859,789
2012	3,565	86,716	1,921,228
'12-/'04	87.0%	100.1%	104.8%
'12-'04	−531	44	88,552

（資料：経済産業省「工業統計表　産業編」）

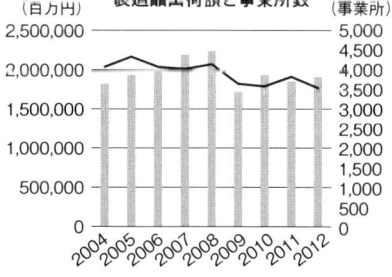

7-5
競合他社分析

●直接競合をメインに分析する

　競合他社には，直接競合と間接競合が存在します。直接競合とは，同業者の中で，実際に競合となっている会社です。一方で間接競合とは，別の業界の会社ですが，競合となりうる会社です。例えば，町の喫茶店の競合は，近くのファミリーレストランや有名喫茶チェーンになりますが，顧客によってはコンビニが競合ともいえます。この時のコンビニが間接競合です。

　マーケティングの世界では，間接競合も考慮に入れて施策を検討する場合もありますが，事業DDにおいては，まずは直接競合で分析を行います。間接競合は，必要であれば実施してください。

●強みと弱みの把握が目的

　競合分析で重要なことは，実際に競合となる他社と比較して，当社が優れている点や自社にしかないもの（強み）と，当社が劣っている点や他社にあって当社にないもの（弱み）を抽出することです。これは，ヒアリングで収集することが中心になります（小売等では周囲の競合を視察するのも必要）。なぜなら，競合他社を詳細に調査していたら，労力やコストなど，調査の負担が大きくなり，短時間での報告書完成が困難になるからです。

　右図に，競合分析の一例を示します。ここでは，自社と競合他社で比較して，各項目について「○（優れている）」「△（他社と同等）」「×（劣っている）」で評価していますが，価格や納期など，数値で導き出せるものは，数値で比較すると，よりわかりやすくなります。また，右図で「営業力」の比較を行う場合，営業マンの人数を比較すれば，ある程度営業力の比較ができます。

第7章 事業調査報告書の外部環境分析　105

競合他社分析（例：金属加工会社）

会社名	狛江電機（当社）	大阪部品加工	一般加工会社
所在地	東京都	大阪府	—
社員数	10人	40人	—
商圏	関東	関西中心 関東・中部も一部実施	—
主な顧客	・製薬会社・医療会社・理化学会社が中心	・製薬会社・医療会社のほか、電機・精密機器会社にも強い	—
加工種類	・板金・機械加工 ・樹脂加工 ・表面処理・メッキ ・ガラス加工	・板金・機械加工	・各加工専門
顧客対応力	○ ・さまざまな加工がある装置もワンストップで受注可能	△ ・自社設備の加工のみ対応可	△ ・自社設備の加工のみ対応可
価格	× ・自社での加工は一部分で、外注中心であるため、価格は高め	○ 安い	○ 安い
営業力	△ ・既存顧客との関係性は強い ・新規開拓営業は不十分 ・素材等の提案力は高い	△ ・既存顧客との関係性は強い ・営業マンが多く、新規開拓力はあるが、関西中心で、関東には営業マンは1人のみ	× ・営業活動は消極的
技術力	△ ・簡単な加工は可能であるが、難易度が上がると自社では対応できないため、自社としての技術力は低い ・ただし、外注先の技術力は高く、製品としての品質は高い	○ ・技術者が多く、最新の設備も導入されており、技術力は高い	○ ・全般的に高い
図面作成	◎ ・さまざまな加工での図面製作が可能で、見積段階で、営業が図面を作成している	○ ・自社で加工できる図面の製作 ・見積段階で図面作成している	× ・図面は製作しない
納期	△ ・外注先との関係性が強く、短納期で依頼可能だが、社内での加工よりは時間がかかる	○ ・ある程度顧客の要望に合わせた納期の対応を行う	○ ・多くの会社で短納期対応を実施している

7-6

小売店分析

　小売業の調査の場合，そしてメーカーの調査で自社の商品が小売店経由で販売している場合でも，小売店の調査を行います。ここでは，経済産業省「商業統計」と，その他についてご紹介します。

●経済産業省「商業統計」の統計

　経済産業省「商業統計」では，大手小売店と，各種専門店の事業所数，従業者数，販売額について確認できます。

　大手小売店といえば，主に百貨店，総合スーパー，専門スーパー，コンビニ，ドラッグストアなどがあります。専門店とは，生肉小売店や鞄小売店など，商品群を絞った販売形態の小売店です。例えば，商店街などにある，昔から夫婦で営んできたような，個人経営の店舗のイメージです。傾向としては，小さな専門店は，大手総合スーパーなどに押されて店舗数が減少しています。右図は男子服小売業の事業所数を示したものですが，法人ではなく個人商店が減少していることがわかります。

●各種小売店の統計

　小売業は，各業態に応じた統計があります。「5-3　外部環境の調査方法」でも説明していますが，百貨店なら日本百貨店協会，コンビニなら日本フランチャイズチェーン協会，チェーンストアなら日本チェーンストア協会，スーパーならスーパーマーケット統計調査事務局，そして通信販売なら日本通信販売協会です。調査対象の業態に応じて調べてください。

　近年では，ネット通販を中心とした通信販売の台頭により，一般小売店が厳しい環境になってきているため，小売のいずれの業態でも，図の通り，通信販売市場が年々上昇している事実は，取り上げやすい内容だといえます。

第7章 事業調査報告書の外部環境分析 107

小売店分析（例：男子服小売業）

(単位：ヶ所，％)

	事業所数	法人	個人
昭和54年	42,829	11,106	31,723
昭和57年	40,984	11,472	29,512
昭和60年	35,929	11,270	24,659
昭和63年	35,297	13,224	22,073
平成3年	34,934	15,479	19,455
平成6年	32,059	15,499	16,560
平成9年	29,772	15,203	14,569
平成11年	26,659	13,973	12,686
平成14年	24,857	12,893	11,964
平成16年	22,865	12,384	10,481
平成19年	21,894	13,295	8,599
H19／H14（5年前比）	88.1％	103.1％	71.9％
H19／H9（10年前比）	73.5％	87.4％	59.0％
H19／H3（約15年前比）	62.7％	85.9％	44.2％
H19／S63（約20年前比）	62.0％	100.5％	39.0％
H19／S54（約30年前比）	51.1％	119.7％	27.1％

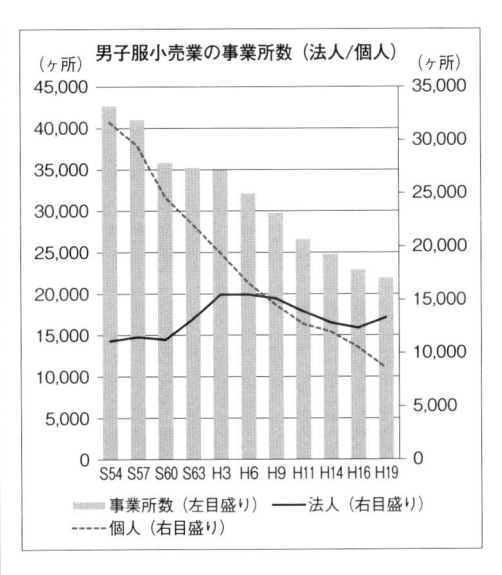

出所：経済産業省「商業統計表」

通信販売市場動向

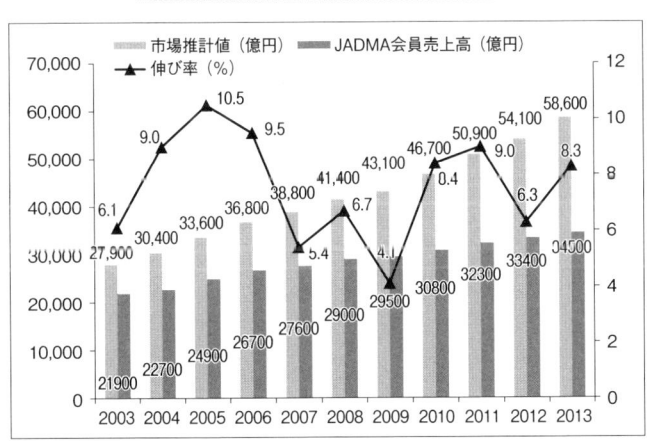

出所：日本通信販売協会ホームページ

7-7
消費者動向の分析

　取扱商品が食料品や衣類，電気製品など，一般消費者向けの場合は，消費者動向の分析を行います。また，対象とする企業が地域密着の場合は，近隣の人口推移（性別・年令別）を確認します。

●家計調査年報

　総務省統計局統計調査部の「家計調査年報　家計収支編」は，総務省が世帯を対象として調査（全国約4,700万世帯の中から約9,000世帯を抽出して調査）したもので，1世帯当たりのさまざまな商品の支出金額がわかります。例えば，カテゴリーとしては，食料品，家具，衣料，医療，交通・通信費等があり，これらのカテゴリーの各商品について，一般消費者の1世帯当たりの消費額の推移がわかります。

　なお，日本は少子高齢化であり，今後人口は減少傾向にあるため，中長期的にはすべて減少傾向と予測はできますが，ここでは過去から現在の推移を確認して，現時点で「増加傾向」「横ばい」「減少傾向」のいずれかの判断を行います。

●各自治体での人口推移

　専門小売店やサービス業など，地域密着型で一般消費者向け商品・サービスを提供する会社の場合，近隣の人口の動きも確認します。会社の所在地である自治体のホームページを見たら，人口推移の統計が記載されています。中には人口推移等が掲載されていない自治体もありますが，性別・年令別に細かく表示されている自治体もあります。年齢別・性別まで表示されていれば，ターゲットの顧客層の規模と推移がわかり，マーケティングの視点での調査もできます。

消費者動向分析（例：水産練製品の支出）

１世帯当たり水産練製品の支出額（全世帯）

(単位：円，％)

	消費支出合計	食料支出合計	水産練製品 合計	揚げかまぼこ	ちくわ	かまぼこ	他の魚肉練製品
H12	3,374,494	865,711	8,424	2,306	1,749	3,106	1,263
H13	3,278,199	838,846	8,406	2,387	1,694	3,102	1,224
H14	3,238,022	833,521	7,803	2,244	1,558	2,878	1,123
H15	3,197,186	813,349	7,533	2,179	1,498	2,735	1,120
H16	3,213,351	812,367	7,427	2,125	1,510	2,722	1,071
H17	3,198,092	799,817	7,347	2,190	1,428	2,635	1,094
H18	3,097,033	783,561	7,267	2,156	1,401	2,616	1,094
H19	3,138,316	794,255	7,384	2,119	1,392	2,714	1,160
H20	3,135,668	800,434	7,845	2,240	1,504	2,790	1,310
H21	3,044,643	782,693	7,700	2,185	1,518	2,674	1,323
H22	3,027,938	772,546	7,370	2,124	1,463	2,594	1,189
H23	2,966,673	766,320	7,213	2,145	1,434	2,444	1,189
H24	2,971,816	768,690	7,314	2,151	1,386	2,578	1,199
増減率 H24/H12-1	-11.9%	-11.2%	-13.2%	-6.7%	-20.8%	-17.0%	-5.1%

（資料：総務省「家計調査年報」）

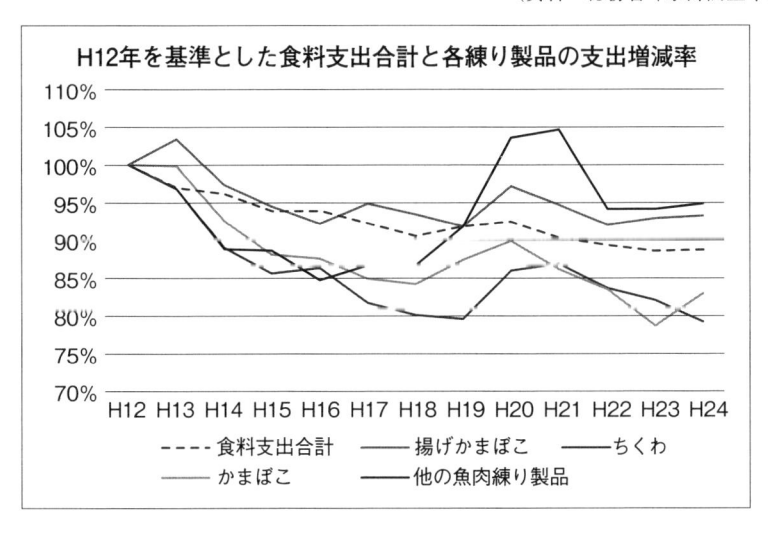

H12年を基準とした食料支出合計と各練り製品の支出増減率

ケース・スタディ ■■■■■■■■■■■■■■■■■■■■■■■■■

事例7　建設会社

創　業	1960年代	社員数	39名
売上高	13億円	借入金	7億9,000万円
経営者	会長（70代），社長室長（30代）		

　地方の舗装工事，アスファルト製造販売の事例です。

　当社の建設業の保有許可種別は舗装と土木ですが，ほぼ舗装事業に特化しています。業態としては，施工部隊と，アスファルト合材（アスコン）の製造工場を有しています。

　公共投資額は年々減少していて，直近（2011年）の投資額は政府・民間合わせて43兆円であり，20年前のほぼ半分にまで減少しています。当社はもともと借入金の依存度が高いため，公共工事案件の減少により売上が落ち込んだ結果，人件費等の固定費負担に加え，金利負担も重荷となり，ほとんど利益が残らなくなって，常に借換が必要な状況に陥っていました。しかし，このような状況の中でも，会社は特に具体的な改善策を講じることがなかったため，財務状態がますます悪化していきました。

　改善策は，アスコンの強化です。当社にとってアスコンは「舗装工事の道具」という認識で，アスコンの営業はプラント所長が片手間で行っていました。今後は営業部門が担当し，当社が受注できない案件でもアスコンの販売を行うなど，手広く販売していくこと，そして夜中もアスコンプラントを稼働し，夜中の需要を取り込んでいくことです。その他，土木工事へ本格的に参入して，工事のない空白期間の削減に取り組んでいくことが必要です。

第8章
事業調査報告書における収益構造の特徴

- 8-1 「Ⅳ 収益構造の特徴」の全体構成
- 8-2 直近5年間の業績推移
- 8-3 経営指標❶
  収益性分析
- 8-4 経営指標❷
  効率性分析
- 8-5 経営指標❸
  生産性分析
- 8-6 経営指標❹
  安全性分析
- 8-7 経営指標❺
  資金繰り状況,再生可能性指標
- 8-8 販売費および一般管理費の分析
- 8-9 顧客別分析
- 8-10 商品・サービス別分析

8-1

「Ⅳ 収益構造の特徴」の全体構成

●定量分析（数値の分析）を行う

　本章では，報告書の第Ⅳ章「収益構造の特徴」である，企業の数値面からの経営分析，つまり定量分析の方法について説明します。定量分析というと，財務DDの領域ではないかと思われるかもしれませんが，財務DDというのは，主に簿価ベースの財務諸表を実態ベースに修正する作業ですので，経営分析は，財務DDではなく事業DDで実施します。

　なお，経営分析の目的は，数値面で現状を把握すること，そして問題箇所をある程度特定することです。ただし，数字からは，問題の箇所や悪化している箇所（例えば利益率が低下している，在庫が増えている等）はわかりますが，なぜそうなったのかという「原因」はわかりません。そのために，内部環境の調査を行って，定性面を掘り下げて，数値面が悪化するさまざまな要因を究明していきます。ですから，重要なのはあくまで内部分析（定性分析）であり，定量分析は定性分析の切り口にすぎません。そのため，財務分析は細かい箇所にこだわりすぎないことが大事です。また，財務分析のコメントは，ありのままを書くことが基本ですが，財務分析で問題箇所を特定し，内部環境でその問題箇所を掘り下げて原因を究明する，というストーリーにすると，一貫性のある報告書になります。

●定量分析の構成

　経営分析は，まずは「直近5年間の業績推移」で，収益の推移，悪化状況について確認します。次に「収益性」「効率性」「生産性」「安全性」に関する経営指標を，業界平均と時系列で分析します。なお，業界平均は，ここでは日本政策金融公庫の「小企業の経営指標」を使用しています。

「販管費の内訳」では，販売管理費の各勘定科目について，無駄がないか，および，今までどの程度経費削減に取り組んできたかを確認します。再生企業では，まずは現時点の売上高で黒字化を目指す必要があります。なぜなら，売上アップには時間がかかりますが，経費削減は即効性があり，可能な限り，経費削減に取り組むことが求められるからです。

「顧客分析」「商品分析」では，過去３年分程度の，商品別・顧客別の売上実績を確認します（可能であれば，粗利まで確認できることがベターです）。顧客・商品分析では，時系列での比較と，構成比（個々の顧客・商品が全体の売上・利益の何％を占めているか）の比較を行います。顧客別・商品別での実績を作成できていない会社も多いので，その場合は，コンサルタント側で作成する必要があります。なお，売上高を顧客別・商品別に分解したものは，事業DDの後に作成する事業計画書でも活用します。

「収益構造の特徴」の全体構成

Ⅳ　収益構造の特徴
　1．業績推移（直近５年間）
　2．経営分析（直近３年間）と業界比較
　　(1)　収益性
　　(2)　効率性
　　(3)　生産性
　　(4)　安全性
　　(5)　資金繰りの状況
　　(6)　再生可能性指標
　3．販管費の内訳
　4．顧客分析
　5．商品分析

8-2

直近5年間の業績推移

●直近5年間のPLの推移の見方

　「収益構造の特徴」の最初は，まずは業績の全体の推移を確認するために，PLそのものを記載して，売上高，原価，各利益の推移を確認します。
　例えば，売上高が上がっていれば成長していることになるのですが，売上高が下がっていれば問題で，なぜ下がったかを，顧客別・商品別の売上推移やヒアリングで確認する必要があります。売上高と合わせて，原価率（粗利率）の変動や，各種利益・利益率も確認します。例えば，営業利益がマイナスで推移していたら，本業で利益が出ていないため，かなり厳しい状況に陥っていることになります。また，売上が大幅に減少しているにもかかわらず，販管費（固定費）が変わらない，つまり経費削減の努力を怠っているのであれば，当然業績は悪化し，赤字に転落します。経費の中で大きな割合を占めるのは「人件費」です。ですから，売上が減少している時には，社長個人の報酬削減など，人件費をいかに削減しているのかがポイントです。
　その他，減価償却費にも注目です。PL上で黒字化させるために，業績が悪化した年度だけ減価償却しないケースも多く，そもそも毎期減価償却していないところも多々あります。減価償却をせずに，利益がトントンである場合，次への設備投資のための余力がないということを意味しており，見た目は黒字であっても，将来に不安が残ります。
　PL以外に，簡易キャッシュフロー（簡易CF：経常利益－法人税＋減価償却費）もあわせて算出して確認します。簡易CFは，PL上の利益が黒字か赤字かではなく，1年間経営をした結果，現金が増えているのか，減っ

ているのかがわかります。もし簡易CFがマイナスであったら，この会社は，事業を運営すればするほど現金が減っていく状態にあることを意味します。

直近5年間のPLの推移（例：金属加工会社）

(単位：円)

	H22.4期	H23.4期	H24.4期	H25.4期	H26.4期
売上高	258,389,288	238,382,983	203,889,823	178,383,992	173,788,298
（前年比）	110.5%	92.3%	85.5%	87.5%	97.4%
売上原価	166,360,176	146,063,988	133,184,931	120,008,876	118,825,192
（売上高原価比率）	64.4%	61.3%	65.3%	67.3%	68.4%
売上総利益	92,029,112	92,318,995	70,704,892	58,375,116	54,963,106
（売上高総利益率）	35.6%	38.7%	34.7%	32.7%	31.6%
販管費	68,571,035	67,899,813	62,078,587	54,640,581	51,692,508
（売上高販管費比率）	26.5%	28.5%	30.4%	30.6%	29.7%
人件費計	45,584,387	46,191,029	40,573,710	35,381,166	34,461,608
（売上高人件費比率）	17.6%	19.4%	19.9%	19.8%	19.8%
減価償却費	1,101,562	1,622,533	1,094,706	1,097,408	955,097
営業利益	23,458,077	24,419,182	8,626,305	3,734,535	3,270,598
（売上高営業利益率）	9.1%	10.2%	4.2%	2.1%	1.9%
営業外収益	202,987	98,570	235,703	116,788	40,413
営業外費用	6,238,290	7,210,399	7,008,829	6,032,903	5,893,722
支払利息割引料	6,238,290	7,210,399	6,993,829	6,032,903	5,893,722
（売上高金融費用比率）	2.4%	3.0%	3.4%	3.4%	3.4%
経常利益	17,422,774	17,307,353	1,853,179	−2,181,580	−2,582,711
（売上高経常利益率）	6.7%	7.3%	0.9%	−1.2%	−1.5%
特別利益	520,170	660,000	0	0	0
特別損失	13,703,878	3,469,085	133,565	0	0
税引前当期純利益	4,239,066	14,498,268	1,719,614	−2,181,580	−2,582,711
（売上高税引前当期純利益率）	1.6%	6.1%	0.8%	−1.2%	−1.5%
法人税	177,232	179,272	179,541	179,937	179,983
当期純利益	4,049,453	14,315,677	1,537,727	−2,362,581	−2,763,582
（売上高当期純利益率）	1.6%	6.0%	0.8%	−1.3%	−1.6%
簡易CF	19,315,496	19,644,443	3,588,382	−480,117	−1,269,298

8-3

経営指標❶
収益性分析

●収益性は，売上高との比率を見る

　経営指標の最初は「収益性」です。収益性分析では，売上高と，各利益・各経費の比率を見ます。
　「⑧　売上高総利益率」は，いわゆる「粗利率」と呼ばれるものです。売上高総利益率が業界平均より低ければ，廃棄率が多い，材料を高く仕入れている，現場の業務に無駄が多い等の可能性があるため，ヒアリングで確認が必要です。
　「⑨　売上高営業利益率」は，本業の利益である営業利益の割合ですが，まずは最低限この営業利益率を黒字化しなければなりません。なぜなら，営業利益率が赤字であれば，本業でマイナスなわけですから，銀行から「会社を継続させる意味がない」と判断される可能性があるからです。営業利益がマイナスの場合，まずはこの営業利益の黒字化が必須で，営業利益率を業界平均と同等に持っていくことが直近の目標になります。
　「⑩　売上高経常利益率」では，営業利益から，主に支払利息を差し引いた後の，経常利益の利益率を表します。銀行は，元金返済より，まずは支払利息の支払を優先するので，営業利益がプラスであるだけでは不十分で，この経常利益をプラスにすることが必要です。経常利益がマイナスだと，銀行が最も重視する利息の支払能力が欠如している，と判断されてしまいます。
　「⑪　売上高人件費比率」は，売上高に対する人件費合計の割合です。中小企業の場合，経費で最も負担となるのが人件費であるため，効率化を図り，極力人件費を抑える必要があります。この比率が高ければ，ヒトの

活用面での効率化が求められます。

「⑫　売上高諸経費比率」は，販管費の中から，人件費・減価償却費・外注加工費を差し引いた値の割合であり，人件費以外の経費を余分に使っていないかどうかがわかります。この値が高ければ，問題の勘定科目に絞って詳細を確認する必要があります。

最後に「⑬　売上高金融費用比率」は，売上高に対する支払利息の割合を表しています。再生企業の場合，売上高と比較して借入金が通常より多いだけでなく，利率も高いため，この比率が高くなっています。この利率が高すぎる場合，事業運営に支障をきたすため，銀行に利率の低減を求める必要が出てくる場合もあります。

収益性分析（例：金属加工会社）

	指標	計算式	単位	H24.4期	H25.4期	H26.4期	業界平均
①	売上高		千円	203,890	178,384	173,788	―
②	売上総利益		千円	70,705	58,375	54,963	―
③	営業利益		千円	8,626	3,735	3,271	―
④	経常利益		千円	1,853	−2,182	−2,583	―
⑤	人件費		千円	64,043	58,817	58,024	―
⑥	諸経費(※1)		千円	20,410	18,162	16,276	―
⑦	支払利息		千円	6,994	6,033	5,894	―
⑧	売上高総利益率	②÷①×100	％	34.7%	32.7%	31.6%	35.0%
⑨	売上高営業利益率	③÷①×100	％	4.2%	2.1%	1.9%	2.4%
⑩	売上高経常利益率	④÷①×100	％	0.9%	−1.2%	−1.5%	1.5%
⑪	売上高人件費比率	⑤÷①×100	％	31.4%	33.0%	33.4%	36.1%
⑫	売上高諸経費比率	⑥÷①×100	％	10.0%	10.2%	9.4%	23.3%
⑬	売上高金融費用比率	⑦÷①×100	％	3.4%	3.4%	3.4%	1.6%

（※1）　諸経費は，人件費，減価償却費，外注加工費を含めない額

8-4

経営指標❷
効率性分析

●効率性は，回転率，回転期間で見る

　次に「効率性」を確認します。効率性分析では，資産全体の回転率のほか，売上債権・棚卸資産・仕入債務，各々の回転期間を見ます。「回転率」とは，各資産・負債が，売上高・仕入高に対して何回転しているか（単位：回）を表すものです。一方で「回転期間」は，実際の回転する期間（単位：ヶ月）を表すため，売上債権や棚卸資産，仕入債務では，回転率より回転期間のほうがイメージしやすいと思います。

　「⑩　総資本回転率」は売上高に対して，総資産が何回転しているか，つまり資産全体の効率性を表しています。この値が低ければ，資産は多い割に売上が小さく，資産を効率的に活用できていないことを意味するため，「過剰資産」の可能性があります。

　「⑪　売上債権回転期間」は，売上債権（売掛金と受取手形）が現金として回収されるまでの期間を示した指標です。この値が大きいと，売上を計上してから入金するまでの期間が長く，売り上げてもなかなか現金が入ってこないことになり，キャッシュフロー（CF）を圧迫する要因になります。例えば，この値が「2.5ヶ月」であれば，売上から現金化されるまでに2.5ヶ月もかかってしまうことを意味します。

　「⑫　棚卸資産回転期間」は，在庫である棚卸資産が，何ヶ月分の月商（売上高）に相当しているかを表します。この値が大きいと，仕入れたものを販売・現金化するスピードが遅いことになるので，CFを圧迫していることになります。この数値が大きくなる要因として，例えば，材料や仕掛品，製品在庫を余分に保有している等が考えられます。

「⑬ 仕入債務回転期間」は，仕入債務（買掛金と支払手形）が現金で支払われるまでの期間を示した指標です。仕入債務回転期間の値が大きいと，商品や材料仕入れても，現金の支払を長い間待ってもらえることになるので，CFが楽になります。なお，業績が悪化した再生企業で，倒産危機という風評被害が起きてしまうと，取引業者は，掛売りから代引きに切り替えてくるので，この期間は一気に短くなり，CFが厳しくなっていきます。

「⑭ CCC（キャッシュ・コンバージョン・サイクル）」は，仕入代金の支払から入金に至るまでに要する日数のことで，この日数が短いほど，企業の現金回収サイクルが早く，資金が効率的に使われていることを意味します。

効率性分析（例：金属加工会社）

	指標	計算式	単位	H24.4期	H25.2期	H26.2期	業界平均
①	売上高		千円	203,890	178,384	173,788	―
②	月商	①÷12ヶ月	千円	16,991	14,865	14,482	―
③	仕入高		千円	130,631	121,009	118,307	―
④	月平均仕入高	③÷12ヶ月	千円	10,886	10,084	9,859	―
⑤	総資本		千円	154,313	154,230	147,451	―
⑥	売上債権		千円	32,249	38,821	25,634	―
⑦	期首棚卸資産		千円	18,393	15,839	16,839	―
⑧	期末棚卸資産		千円	15,839	16,839	16,321	―
⑨	支払債務		千円	42,396	44,491	40,012	―
⑩	総資本回転率	①÷⑤	回	1.3	1.2	1.2	1.3
⑪	売上債権回転期間	⑥÷②	ヶ月	1.9	2.6	1.8	2.0
⑫	棚卸資産回転期間	{(⑦+⑧)÷2}÷②	ヶ月	1.0	1.1	1.1	0.3
⑬	仕入債務回転期間	⑨÷④	ヶ月	3.9	4.4	4.1	3.5
⑭	CCC（キャッシュ・コンバージョン・サイクル）	⑪+⑫-⑬	ヶ月	-0.99	-0.70	-1.14	-1.2

8-5

経営指標❸
生産性分析

●**生産性は，ヒト（社員）とモノ（施設・設備），収益（売上・付加価値）で見る**

続いて「生産性」です。生産性分析では，ヒト（社員，つまり人件費）とモノ（施設や設備，つまり有形固定資産）の生産性を確認します。

「⑥　従業員1人当たり売上高」は，売上高を社員数で割った値で，これが小さければ，抱えている従業員に対して売上高が小さいことを意味します。この値が極端に小さければ，人件費の変動費化（正社員のパート化）やリストラも選択肢になります（社員の解雇は最終手段です）。

「⑦　従業員1人当たり粗付加価値額（労働生産性）」は，従業員1人当たりの粗付加価値額を表す指標です。人件費というのは，獲得した売上から必要経費を差し引いた粗付加価値から分配されるのですが，この粗付加価値額が高いということは，自社の製品・サービスを高く売る力があるといえます。ですから，この労働生産性が低いということは，自社の製品を，思うような価格で顧客に受け入れてもらえない状況であるといえます。

「⑧　売上高粗付加価値額比率」は，売上高に対する粗付加価値の割合（利益率）です。当然高いことが望まれます。

「⑨　従業員1人当たり有形固定資産（資本装備率）」は，労働量に対する資本量の比率です。一般的にこの値が上がると生産性が上がる，というように考えられていますが，設備投資を増やせばこの値は上昇するため，他の指標と合わせて見る必要があります。

「⑩　有形固定資産粗付加価値額比率（資本生産性）」は，有形固定資産が生み出す付加価値の割合を示します。一般的にこの資本生産性は，⑦労

働生産性とトレードオフの関係になります。

「⑪　有形固定資産回転率」は，施設や設備の収益に対する貢献状況や活用状況を示す値です。この値が業界平均値を大きく下回ったり（過剰設備），上回ったり（設備投資不足）しないことが求められます。

「⑫　従業員1人当たり人件費」は，従業員の平均給与がわかります。再生企業の場合，すでに業務改善に取り組んでいる場合が多いため，この値は低いケースが多いですが，逆に高い場合は，人件費削減も検討しなければならない場合もあります。

「⑬　粗付加価値額人件費比率（労働分配率）」は，獲得した粗付加価値に対する人件費の割合を示します。再生企業の場合，この値を低く抑えざるを得ない状況であるといえます。

生産性分析（例：金属加工会社）

	指標	計算式	単位	H24.4期	H25.4期	H26.4期	業界平均
①	売上高		千円	203,890	178,384	173,788	―
②	粗付加価値額（※1）		千円	74,671	64,550	62,828	―
③	人件費		千円	64,043	58,817	58,024	―
④	有形固定資産		千円	12,111	11,140	10,013	―
⑤	従業員数		人	10	10	10	―
⑥	従業員1人当たり売上高	①÷⑤	千円	20,389	17,838	17,379	12,876
⑦	従業員1人当たり粗付加価値額（労働生産性）	②÷⑤	千円	7,467	6,455	6,283	4,764
⑧	売上高粗付加価値額比率	②÷①×100	％	36.6%	36.2%	36.2%	43.8%
⑨	従業員1人当たり有形固定資産（資本装備率）	④：⑤	千円	1,211	1,114	1,001	6,048
⑩	有形固定資産粗付加価値額比率（資本生産性）	②÷④×100	％	616.6%	579.5%	627.5%	381.2%
⑪	有形固定資産回転率	①÷④	回	16.8	16.0	17.4	7.4
⑫	従業員1人当たり人件費	③÷⑤	千円	6,404	5,882	5,802	3,896
⑬	粗付加価値額人件費比率（労働分配率）	③÷②×100	％	85.8%	91.1%	92.4%	81.6%

（※1）　粗付加価値額は，人件費，減価償却費，支払利息割引料および税引前当期純利益を合計した額

8-6

経営指標④
安全性分析

●安全性は，短期と長期を分けて考える

　続いて「安全性」です。安全性分析では，会社が今後事業を継続していける状態かどうかを確認します。

　「⑪　当座比率」は，短期的な安全性を示しており，流動資産の中で，現預金と，近い将来現金化できる売上債権等を合計した当座資産を，1年以内の支払義務のある流動負債で割った値です。この値が100％を切っている場合や，極端に小さい場合，短期的な支払能力に問題があることになります。再生企業は，この値が小さいケースが多くなっています。

　「⑫　流動比率」は，流動資産を流動負債で割った値です。ただしこの流動比率よりも，⑪当座比率のほうが，短期支払能力をシビアに表しているため，当座比率を重要視します。

　「⑬　借入金回転期間」は，借入金（短期借入金と長期借入金の合計）を，月商（月平均売上高）で割った値で，借入残高が何ヶ月分の売上に相当しているかを示しています。なお，企業経営を健全に維持できるボーダーラインは6ヶ月程度といわれており，この値を超えていると，借入金が過大であるといえます。ただし，業界平均でもこの値を超えている場合もあるため，業界平均との比較も合わせて判断していきます。

　「⑭　固定長期適合率」は，長期的な安全性を示しており，固定資産がどの程度，返済不要な自己資本と，返済を長期にできる（すぐに返さなくてよい）長期借入金で賄われているかを示すものです。固定資産というものは，事業を行うに当たって長期的に必要な資産であるため，事業から得られる収益でゆっくりと長期的に賄っていくものである，と考えます。し

たがって，小さいほど，その設備は安全といえますが，この値が100%を超えていると，短期的に支払義務がある流動負債で，設備や資産を賄っている部分もあることになるため，短期的な返済や支払の負担が大きく，資金繰りを圧迫します。

「⑮　自己資本比率」は，返済不要な自己資本（純資産）の，資産全体に対する割合で，高ければ高いほど安全であるといえます。再生企業では，自己資本比率が極めて小さい，あるいはマイナス（債務超過）の場合が多くなっています。

安全性分析（例：金属加工会社）

	指標	計算式	単位	H24.4期	H25.4期	H26.4期	業界平均
①	売上高		千円	203,890	178,384	173,788	―
②	月商	①÷12ヶ月	千円	16,991	14,865	14,482	―
③	当座資産		千円	40,488	45,260	35,518	―
④	流動資産		千円	89,347	92,742	83,179	―
⑤	流動負債		千円	82,741	63,739	53,866	―
⑥	借入金（短期借入＋長期借入）		千円	139,423	136,767	134,938	―
⑦	固定資産		千円	64,966	61,488	64,272	―
⑧	固定負債		千円	103,589	120,383	123,929	―
⑨	純資産		千円	13,836	11,473	8,710	―
⑩	総資本		千円	154,313	154,230	147,451	―
⑪	当座比率	③÷⑤×100	％	48.9%	71.0%	65.9%	263.3%
⑫	流動比率	④÷⑤×100	％	108.0%	145.5%	154.4%	397.2%
⑬	借入金回転期間	⑥÷②	ヶ月	8.2	9.2	9.3	9.7
⑭	固定長期適合率	⑦÷（⑨+⑧）×100	％	55.3%	46.6%	48.5%	81.6%
⑮	自己資本比率	⑨÷⑩×100	％	9.0%	7.4%	5.9%	－16.4%

8-7
経営指標❺
資金繰り状況，再生可能性指標

●PLとBSで，資金繰り悪化の状況を見る

　資金繰りの状況を見る場合，資金繰り予定表を見れば一目瞭然なのですが，資金繰り表を作っていない場合や，入手しても資金繰り表自体が正確ではないケースもあるため，PLとBSで把握できる範囲で確認します。

　資金繰りを確認する方法は，まずは当座比率です。これは安全性分析の項目で確認しました。そしてこの当座比率をさらに詳細に見る方法が，右図の⑪です。これは，現預金と売上債権から，支払債務と未払勘定を差し引いた差額を表しています。これがマイナスであるということは，近々支払わなければならない債務が，現預金と，短期的に現預金化できる売上債権を上回っていることになり，資金繰りが危機的状況であることがわかります。その他の指標として「⑭　手元流動性比率」があります。この値が1ヶ月を切っている場合は，資金繰りが厳しい状況であると判断できます。

●現在における再生可能性指標の確認

　銀行や再生支援協議会等が，再生可能かどうかを判断する定量的な目安があり，概ね以下となります。

- 経常利益黒字化：3年以内
- 債務償還年数：20年以下
- 有利子負債CF倍率：10倍以内
- 債務超過解消年数：10年以内

　事業DDを行うに当たり，対象会社の状態と，これらの目安との乖離を，ある程度把握しておくことが重要です。

　「経常利益」は，3年以内の黒字化実現が必要となります。計画策定時

に考慮することが求められます。

下段で,「③ 有利子負債CF倍率」は,有利子負債がCFの何倍かを示す指標です。10倍以内が融資対象のボーダーラインと考えられていますが,CFがマイナスのケースも多くなっています。「④ 債務償還年数」とは,借入金完済の見込み年数のことです。返済原資はCFの8割で計算される場合が多く,現在のCFの8割での償還年数の状況について把握します。「⑥ 債務超過解消年数」は,10年以内に債務超過が解消されることが必要とされます。

資金繰りの状況（例：金属加工会社）

	指標	計算式	単位	H24.4期	H25.4期	H26.4期
①	短期借入金		千円	35,834	16,384	11,009
②	長期借入金		千円	103,589	120,383	123,929
③	借入合計	①+②	千円	139,423	136,767	134,938
④	支払利息		千円	6,994	6,033	5,894
⑤	買入債務		千円	42,396	44,491	40,012
⑥	未払（借入金,買入債務以外）		千円	3,511	2,340	2,304
⑦	買入債務＋未払	⑤+⑥	千円	45,907	46,831	42,315
⑧	現金預金		千円	8,238	6,438	9,884
⑨	差引（現預金－債務・未払）	⑧－⑦	千円	－37,669	－40,393	－32,432
⑩	売上債権		千円	32,249	38,821	25,634
⑪	差引（現預金・債権－債務・未払）	⑧+⑩－⑦	千円	－5,420	－1,572	－6,797
⑫	借入利息の利率	④÷③（借入平均）	%	4.8%	4.4%	4.3%
⑬	月商		千円	16,991	14,865	14,482
⑭	手元流動性比率	⑧÷⑬	ヶ月	0.5	0.4	0.7

再生可能性指標（例：金属加工会社）

	指標	計算式	単位	H24.4期	H25.4期	H26.4期
①	借入合計（短借＋長借）		千円	139,423	136,767	134,938
②	簡易CF		千円	3,588	－480	－1,269
③	有利子負債CF倍率	①÷②	倍	38.9	－284.9	－106.3
④	債務償還年数（返済原資CF×0.8）	①÷(②×0.8)	年	48.6	－356.1	－132.9
⑤	純資産額（マイナス：債務超過額）		千円	13,836	11,473	8,710
⑥	債務超過解消年数	⑤÷②	年	—	—	—

8-8
販売費および一般管理費の分析

●販管費は勘定科目ごとに丁寧に確認する

　続いて販売費および一般管理費（販管費）の分析です。販管費は，各科目について，無駄遣いや削減の余力があるか，そして現在までどの程度経費削減に取り組んできたかをヒアリングで確認します。本格的に経費削減に取り組むためには，本来であれば，現場の関係社員を集めて議論し，削減可能な経費について意見や提案を出してもらうことが望ましいといえます。しかしそれは，現場支援のコンサルティングで実施することであり，事業DDではヒアリングベースで，可能な限り，削減内容を抽出します。

　例えば，人件費では，まずは社長や役員の報酬が多すぎないかを確認します。また，変動費で削減に取り組みやすいパート・アルバイトの給与に対しても確認します。具体的には，パート・アルバイトの時間管理が徹底できているか，無駄に長時間労働させていないかがポイントです。飲食店では，パート・アルバイトの時間管理は，店長がシフト管理をしており，シビアな場合が多いですが，それ以外の業種は，パートの時間管理は案外ルーズで，削減の余地がある場合が多くあります。

　また，福利厚生でも，例えば社員とパートに弁当代を支給している場合などがあります。社員への感謝や，社員のモチベーション向上のために，ぜひ継続したいと考える社長も多いのですが，再生企業となると，残念ながらその余力がないのが現状です。

　その他，賃借料は，例えば，事務所や店舗の家賃だけでなく，社長や社員の車通勤用や，顧客用の駐車場代などが含まれているケースがあります。同様に，旅費交通費の中に，個人の車の購入代金やガソリン代を，会

社負担にしている場合もあります。

販管費は，基本的に固定費であるため，売上が減少して自然と減るものではなく，意識的に削減に取り組まないと減少しません。したがって，この販管費の削減具合で，その会社の再生に対する姿勢がわかります。

販管費の分析（例：金属加工会社）

（単位：円）

	H22.4期 ①	H26.4期 ②	差 ②−①	比率 ②÷①	内容
売上高	258,389,288	173,788,298	−84,600,990	67.3%	3割以上も大きく減少
販管費	68,571,035	51,692,508	−16,878,527	75.4%	4年で16.9百万円の販管費を削減
役員報酬	18,500,000	11,320,000	−7,180,000	61.2%	大幅減も，社長と夫人で11.3百万円受領
給与手当	21,839,230	18,383,992	−3,455,238	84.2%	1名退社による削減
賞与	880,000	780,000	−100,000	88.6%	業績にかかわらず一定額支給
法定福利費	3,103,842	2,503,842	−600,000	80.7%	社長の会社での昼食分含む
福利厚生費	187,392	169,382	−18,010	90.4%	
役員定期保険料	923,923	1,154,392	230,469	124.9%	
退職共済金	150,000	150,000	0	100.0%	
人件費計	45,584,387	34,461,608	−11,122,779	75.6%	人件費削減は約11百万円
減価償却費	1,101,562	955,097	−146,465	86.7%	
消耗品費	1,738,294	1,839,283	100,989	105.8%	
事務用品費	358,392	359,283	891	100.2%	
賃借料	1,440,000	1,440,000	0	100.0%	使用頻度低い駐車場代含む
保険料	473,920	489,320	15,400	103.2%	
修繕費	359,382	190,382	−169,000	53.0%	
租税公課	253,820	233,500	−20,320	92.0%	
固定資産税	306,300	123,400	−182,900	40.3%	
旅費交通費	1,653,892	1,038,293	−615,599	62.8%	経費削減への取組みによる削減
通信費	753,008	759,302	6,294	100.8%	社長，営業マンの通信費は会社持ち 社長個人の携帯電話代も会社経費
水道光熱費	348,392	353,892	5,500	101.6%	
運賃	930,299	790,399	−139,900	85.1%	
接待交際費	3,089,293	1,988,390	−1,100,903	64.4%	大幅削減も，依然として社内，社長個人の飲食代が含まれる
会議費	4,500,392	1,944,039	−2,556,353	43.2%	大幅削減も，依然として営業の外出時の昼食，飲食代が含まれる
諸会費	265,000	232,500	−32,500	87.7%	
寄付金	95,000	100,000	5,000	105.3%	
リース料	889,300	778,900	−110,400	87.6%	
顧問料	1,200,000	840,000	−360,000	70.0%	顧問税理士への報酬を削減
雑費	2,769,382	2,583,920	−185,462	93.3%	
広告費	453,020	183,000	−270,020	40.4%	

8-9
顧客別分析

　売上高の実績が，どのように構成されているのかを把握するために，売上高を分解します。分解する方法は主に２通りあり，「顧客別」と「商品・サービス別」です。この売上を分解したものは，事業計画書で予測PLを作成する際に使用しますので，必要な分解については必ず実施するようにします。

●**顧客別売上実績の把握**

　売上高の実績が，どの顧客からもたらされているのかを把握するために，売上高を顧客別に分解します。顧客分解は，主に顧客が法人である場合に行います。分析の視点として，まずは大口顧客の売上の，全体の売上に対する構成比を確認します。構成比が高すぎる場合は，その大口顧客への依存度が高く，顧客を失った時や，その顧客の売上が大幅に減少した時のリスクが高い状態であるといえます。また，顧客数の推移についても確認します。業績悪化の原因が，大口顧客向け売上の減少によるものなのか，顧客数減少によるものなのか等を確認します。

●**地域別や業種別，競合状況別にグルーピングする**

　顧客を業種別にグルーピングすると，どの業種に強いかがわかります。また，地域別でもグルーピングすると，地元顧客に強いかどうか，強い地域はどこかなどがわかり，この会社の事業領域が把握できます。これらの情報は，今後の営業施策で活用できます。

　その他，顧客を競合状況別にグルーピングすると，今後のリスク状況を把握することができます。例えば，競争が激しい顧客の売上構成比が高い場合は，現在の売上の維持が難しく，今後既存顧客の売上が減少するリスクが高いといえます。

第8章 事業調査報告書における収益構造の特徴 129

顧客別分析（例：金属加工会社）

(単位：千円, %, 社)

No.	得意先名	H24.3期 売上	構成比	H26.3期 売上	構成比	累計	2年前(H24)比較 比	差
1	東京電機	130,222	45.9%	60,200	33.8%	33.8%	−53.8%	−70,022
2	埼玉電算	35,832	12.6%	48,302	27.2%	61.0%	34.8%	12,470
3	神奈川商事	23,002	8.1%	10,332	5.8%	66.8%	−55.1%	−12,670
4	千葉電子	13,292	4.7%	8,832	5.0%	71.8%	−33.6%	−4,460
5	茨城電機	5,428	1.9%	6,320	3.6%	75.3%	16.4%	892
6	栃木製作所	503	0.2%	5,530	3.1%	78.4%	999.4%	5,027
7	群馬電子	12,238	4.3%	4,532	2.5%	81.0%	−63.0%	−7,706
8	山梨工業	3,102	1.1%	4,033	2.3%	83.2%	30.0%	931
9	長野機器	11,738	4.1%	3,021	1.7%	84.9%	−74.3%	−8,717
10	新潟製作所	0	0.0%	2,530	1.4%	86.4%		2,530
	その他	48,447	17.1%	24,253	13.6%	100.0%	−49.9%	−24,194
	売上合計	283,804	100.0%	177,885	100.0%		−37.3%	−105,919
	顧客数	85		67			−21.2%	−18

地域別・業種別・競合状況別分析（例：金属加工会社）

(単位：千円, 社, %)

		H24.7期 売上	客数	H26.7期 売上	客数	売上構成比	2年前(H24)比較 売上	客数
地域別	横浜市内	35,102	28	16,382	22	11.4%	−18,720	−6
	神奈川県内	6,832	7	44,328	10	30.8%	37,496	3
	東京都内	203,832	32	76,382	25	53.0%	−127,450	−7
	その他	5,532	12	2,880	8	2.0%	−2,652	−4
	不明	32,506	6	4,023	2	2.8%	−28,483	−4
	合計	283,804	85	143,995	67	100.0%	−139,809	−18
業種別	電機	135,322	20	53,823	18	37.4%	−81,499	−2
	食品	53,823	15	13,288	12	9.2%	−40,535	−3
	化粧品	43,723	10	45,382	10	31.5%	1,659	0
	出版	22,382	8	15,382	8	10.7%	−7,000	0
	印刷	13,882	6	8,832	6	6.1%	−5,050	0
	その他	5,532	20	3,328	10	2.3%	−2,204	−10
	不明	9,140	6	3,960	3	2.8%	−5,180	−3
	合計	283,804	85	143,995	67	100.0%	−139,809	−18
競合状況	価格競争激しい	235,002	30	103,820	10	72.1%	−131,182	−20
	価格競争激しくない	4,022	14	3,553	16	2.5%	−469	2
	競合なし	30,582	35	18,302	37	12.7%	−12,280	2
	不明	14,198	6	18,320	4	12.7%	4,122	−2
	合計	283,804	85	143,995	67	100.0%	−139,809	−18

8-10
商品・サービス別分析

●**商品・サービス別売上実績の把握**

売上高の実績が，どの商品・サービスから構成されているかを把握するために，売上高を商品・サービス別に分解します。これにより，自社の定番商品は何で，定番商品の売上構成比（貢献度）や売上の推移などが把握できます。なお，商品・サービスの分解は，顧客が法人・個人問わず実施できますが，商品が特注専門，商品が1種類のみ，取り扱う商品が固定されていない等の場合は，商品・サービス別の売上分解は不要です。

●**商品カテゴリー別にグルーピング**

商品別に分類したら，それらを商品カテゴリーにグルーピングします。例えば，右図の通り，練物のメーカーであれば，「かまぼこ」「蒸し物」「巻物」等で分類できますし，食肉専門店であれば，「牛肉」「豚肉」「惣菜」「加工品」等，さらに品質のランクなどでも分類できます。このカテゴリーを分類することで，売上高が高いカテゴリーがわかり，これにより，その会社はどのカテゴリーが最も顧客に求められているか，つまりどの商品群に「強み」を持っているかが把握できます。そしてこれを踏まえ，今後の展開として，例えば，強いカテゴリーの商品開発を強化して，ラインアップを増やす等の施策が考えられます。

なお，取扱商品数が非常に多い場合は，商品別ではなく，いきなり商品カテゴリー別で分類します。例えば，小売店や，日用品等の卸売業の場合は，取扱商品数が数千以上にものぼる場合があります。そのような場合は，システムが導入されて単品管理が行われていない限り，商品別に分類するのは困難なので，商品カテゴリーで分類可能かを検討します。

このように，売上高を分解することによって，売上計画が立てやすくなる，自社の強みを把握できる，今後の営業戦略や施策につなげられる等，さまざまなことに役立ちます。

商品別分析（例：練物製造会社）

（単位：千円，％，社）

No.	商品名	H24.3期 売上	構成比	H26.3期 売上	構成比	累計	2年前（H24）比較 比	差
1	わかば	130,222	45.9%	60,200	33.8%	33.8%	−53.8%	−70,022
2	さつき	35,832	12.6%	48,302	27.2%	61.0%	34.8%	12,470
3	富士	23,002	8.1%	10,332	5.8%	66.8%	−55.1%	−12,670
4	こま	13,292	4.7%	8,832	5.0%	71.8%	−33.6%	−4,460
5	なると	5,428	1.9%	6,320	3.6%	75.3%	16.4%	892
6	チーズ巻き	503	0.2%	5,530	3.1%	78.4%	999.4%	5,027
7	笹巻き	12,238	4.3%	4,532	2.5%	81.0%	−63.0%	−7,706
8	だて巻	3,102	1.1%	4,033	2.3%	83.2%	30.0%	931
9	ちくわ	11,738	4.1%	3,021	1.7%	84.9%	−74.3%	−8,717
10	はんぺん	0	0.0%	2,530	1.4%	86.4%		2,530
	その他	48,447	17.1%	24,253	13.6%	100.0%	−49.9%	−24,194
	売上合計	283,804	100.0%	177,885	100.0%		−37.3%	−105,919

商品カテゴリー別分析（例：練物製造会社）

（単位：千円，社，％）

No.	商品カテゴリ	H24.7期 売上	H26.7期 売上	売上構成比	2年前（H24）比較
1	かまぼこ	135,322	50,382	35.0%	−84,940
2	蒸し物	53,823	54,382	37.0%	559
3	巻物	43,723	15,382	10.7%	−28,341
4	焼き物	22,382	10,382	7.2%	−12,000
5	珍味	13,882	7,732	5.4%	−6,150
6	揚げ物	5,532	3,328	2.3%	−2,204
7	その他	9,140	2,407	1.7%	−6,733
	合計	283,804	143,995	100.0%	−139,809

ケース・スタディ

事例 8　食料品スーパー

創　業	1960年代	社員数	159名
売上高	29億円	借入金	8億円
経営者	社長（60代男性），専務（30代長男）		

　地方に3店舗展開する大型食料品スーパーの事例です。

　創業者である社長は，学生時代から自ら行商を行っており，大学卒業後，父と一緒に店舗を立ち上げたのが始まりです。当社の特徴は「鮮魚」です。近隣の漁港から，仲買人を通さず直接買い付けてその日に店頭に並べるため，鮮度が高く，鮮魚コーナーも「町の魚屋」を再現した作りにしています。そのため，地域での当店の鮮魚のイメージは定着しています。しかし，ここ5年で周囲に次々と大手スーパーが出店し，鮮魚以外の商品の特徴がない当社の客は他店へ流出し，売上は減少していきました。また，当社は組織体制が未成熟で，店長の業務は一般作業員と変わらず，統率者がいません。店長自身，店長の仕事は何かを理解していません。シフト制もなく，社員とパートが一斉に出勤し，一斉に調理と陳列を行うため，朝は戦争のように全員が作業に追われ，陳列や盛り付けが雑です。強みの魚も，丸ごと販売が主体で加工品が少なく，結局売れ残って安売りになるケースが増えていました。

　改善策は，業務改善プロジェクトを立ち上げて根本からしくみを作ることです。ベテランが仕切り，店長やマネージャーの仕事を体系化します。各商品カテゴリーで管理機能を強化し，鮮魚を含めた各々の商品戦略を見直して，質を高めていくのです。

第9章

内部環境分析
経営，組織，人事

9-1 「内部環境分析」「経営，組織，人事」の全体構成
9-2 経営の基本概念
9-3 経営戦略，経営体制
9-4 数値管理
9-5 組織体制
9-6 人材，人事
9-7 社員の年齢，勤続年数，部門別人数
9-8 売上高と人件費の割合

9-1

「内部環境分析」「経営，組織，人事」の全体構成

●内部環境分析の重要性

　報告書の第Ⅴ章は「内部環境分析」です。この内部環境分析が，事業DDで最も重要な項目であり，調査する企業の内部環境について，前述のヒアリング手法を活用して徹底的に掘り下げていき，問題点や強みを探り出していきます。

　再生企業は，この内部環境にさまざまな問題を抱えているから，業績が悪化したわけです。その問題点を，一つひとつ丁寧に発見し，見える化することが，この事業DDで最も重要なことです。もちろん，いろいろと外部環境に影響を受けているのですが，その環境の変化にどう対応していくかも，経営の重要な視点の1つです。その変化に対応できない体制も問題点であり，その変化に対応しない，対応できない原因も探っていきます。また，内部環境分析の中で，どこに強みがあるのかを発見することも重要です。社長や社員が気づいていない，競合他社とのわずかな違いが，強みとなることもあります。

　このように，内部環境は，細かく調査を行い，問題点と強みを丁寧に拾っていくことが重要になります。

●内部環境分析の項目

　内部環境分析は，大きく「経営，組織，人事」「営業」と，その他の業務活動に分かれます。また，「経営，組織，人事」と「営業活動」は，ほぼすべての業種に共通する項目になりますので，すべての会社の報告書に必要な内容になります（営業は小売業では不要）。一方，その他の業務活動については，業種によってその項目は変わります。例えば，製造業であ

れば「製造活動」，小売であれば「店舗での販売活動」，サービス業であれば「サービス活動」になります。

　本章では，経営，組織，人事について説明します。中小企業は，規模が小さいため，体系化されたしくみや，組織としての役割が不明確な企業が多くなっています。その分，属人的で，個人の力量に依存するケースが多い傾向にあります。それによって，部分最適が進み，業務が全体として非効率となって，無駄が多く発生している場合もあります。また，組織が未成熟であるため，社長個人や，個々の社員の力量が問われます。したがって本章では，経営や組織面におけるしくみ以外に，社長や社員の個人のスキルにも焦点を当てて調査することが求められます。ただし，会社が再生するために最も重要なことは，組織全体が団結することです。会社が一丸となれるか，経営層が組織を引っぱっていけるか，社員が経営層についていくか，この視点で内部を確認することを忘れてはいけません。

「経営，組織，人事」の全体像

経営，組織，人事の現状
- (1) 組織の基本概念
- (2) 経営戦略，経営体制
- (3) 数値管理
- (4) 組織体制
- (5) 人材・人事
- (6) 社員の部門別年齢，勤続年数，給与
- (7) 社員の年齢別，部門別人数と1人当たり売上高の推移
- (8) 問題点

9-2
経営の基本概念

　経営, 組織, 人事の最初の項目は「経営の基本概念」で, 経営を行うためのベースとなる思考や姿勢をまとめます。

●経営の基本概念の内容

　「経営理念」とは, 経営者が考える, その会社は何のために存在しているかを表したものであり, 会社の存在意義, 目的意識, 事業遂行における基本的価値のことです。

　「ビジョン」は, その会社が目指す将来の姿です。ビジョンは一般的に, 定量面（売上や利益の目標値等）と定性面（数値以外の将来像）がありますが, ここでは定性面を明記します。例えば, 製造業であれば「世界一の高精度微細加工の会社」, 小売では「市内で業界No.1」などです。

　「ミッション」は, 使命のことであり, 世の中へどのように貢献していくかを表したものです。

　これら「経営理念」「ビジョン」「ミッション」（これを, ここでは「経営の三軸」と呼びます）は, 経営活動の軸となるものとして捉えられていますが, これに加えて, 「顧客に思われたい自社の価値イメージ」についても確認するとよいでしょう。これは, 専門用語では「ブランド・アイデンティティ」と呼ばれるものですが, 「顧客にどう思われたいか」を表すものであり, 経営の三軸と並んで, 現在の会社の姿勢を明確に示すものです。

　次に, これら経営の三軸と自社の価値イメージの「内部の浸透具合」を確認します。これらが社長の頭にだけ存在し, 経営幹部や社員一同にまったく浸透していないというケースが多々あり, それでは一枚岩の経営は難しくなります。

続いて「経営者のスタイル」ですが，ワンマン経営か合議制かの区分，決裁や権限委譲の範囲，経営者の現場への関与度等を確認します。また，社長に情熱はあるか，意欲的に再生に取り組めるかの確認も必要です。そもそも社長に再生への意欲がなければ，再生は難しいといえるからです。

最後に「社風・企業文化」ですが，企業には長年積み重なってきた独自の社風や企業文化があり，それを確認します。

経営の基本概念（例：金属加工会社）

1．経営・組織，人事の現状
(1) 経営の基本概念

経営理念	・「顧客との関係性を大切にし，常に全力で顧客の要望に応じる」
ビジョン	・なし
ミッション	・なし
顧客に思われたい自社の価値イメージ	・社長は，「『狛江電機は何でも知っている』『狛江電機に相談したら，何とかしてくれる』という，専門性が高く，頼れる会社と思われたい」と考えている
上記の社内への浸透	・上記を実行しているのは社長のみで，他の営業は，顧客の要求に忠実に，かつルーチン作業をこなすような対応となっている ・「経営理念」は事務所に啓示されているが，社長から社員へ，浸透を図る動きはしていない ・「経営理念」「価値イメージ」の浸透は不十分といえる
経営者のスタイル	・社員への指導や指示がなく，すべて各担当者任せ ・社長自身も顧客を持ち，一営業担当者として活動しており，経営者としての取組みは希薄である
社風・企業文化	・和気あいあい，のんびりとして緊張感がない ・仕事に関しては属人的で，個人主義的

9-3
経営戦略，経営体制

「経営戦略，経営体制」の項目では，経営を行っていくためのベースとなる戦略や体制，しくみについてまとめます。

●経営戦略，経営体制の内容

「経営戦略」とは，自社が戦う事業領域を定義し，その領域に対し，どのような経営資源を活用して競争優位性を追求していくかを示したものです。

「経営体制」は，経営を担っている経営層の体制を示したものです。ここでは，実質的に経営に関与しているものは誰なのか，各々何をしているのかを示します。取締役でも経営に関与していない者は排除してください。

続いて「リーダーシップ」です。リーダーに必要な要素はさまざまですが，主なものとして，①自社・競合の強みと弱み，市場のニーズ・ウォンツを捉えているか，②環境の変化を把握しているか，③中長期的視野があるか，④合理的に判断しているか，⑤決断力があるか，⑥周囲を巻き込んで，自身の意図する方向へ導いているか，になります。リーダーシップは，これらの要素を発揮できているかを判断します。特に再生に取り組む場合，①〜③は事業DDで提案できますが，実際の運用面では④〜⑥が必要になります。つまり，再生に取り組むには，経営者が④〜⑥の要素があるかどうかが重要になり，そこに注力して確認します。例えば，④合理的に判断せず思いつき・思い込みで判断していては，今後も経営判断を誤る可能性が高くなります。⑤決断力がなければ，何も決まらず，改善活動が進みません。⑥周囲を巻き込むが力がなければ，現場は動きません。

「経営判断，意思決定」は，どのようなプロセスで意思決定や経営判断をするのかを示すもので，社長独断か，取締役と相談するか，現場や市場

の現状を捉えて物事を判断するか等を確認します。

「事業承継」は，社長の後継者（候補）はいるか，承継の準備（承継者の育成）はどのように行われているかを示します。

「情報伝達」のしくみは，経営層の方針や決定事項をどのように現場に浸透させているか，あるいは現場の提案がどのように経営層まで伝えられているかを示します。

「経営会議」は，出席者・開催頻度・提出資料・議題のほか，具体的に何が話し合われ，何を決定するかもあわせて確認します。もし経営会議が行われていなければ，経営者が独断で決定し，その決定事項も現場に伝達できていない可能性があります。

経営戦略，経営体制（例：金属加工会社）

(2) 経営戦略，経営体制	
経営戦略	・経営戦略は未構築で，組織的な動きができていない ・「顧客からの引合い・注文の対応」を日々繰り返すのみ
経営体制	・社長1名で，他に実際に経営に取り組んでいる者はいない
リーダーシップ	・社長自身が一営業マンとして自分の案件に集中してしまっており，会社の方針の打ち出し，周囲への働きかけや巻き込み，指示出しはほとんどないため，<u>社長のリーダーシップは欠如している</u>
経営判断意思決定	・日々の顧客対応の繰り返しで，経営判断という場面がない状況 ・顧客対応における日々の意思決定は，基本的に営業マンが各自行っているが，困難な場合は社長が指示出しを行っている
事業承継	・次の経営者は未定
情報伝達	・週1回の営業会議にて情報共有を図っている
経営会議	・未実施で，月次で収益状況を確認し，共有する場がない

9-4
数値管理

　「数値管理」の項目では，収益など，経営で必要な数値に関する管理状況についてまとめます。

●数値管理の内容

　「収益管理」は，商品別，顧客別，事業別等に売上高と利益を分解し，各々の収益状況を確認できているかを確認します。ポイントは，この企業は，何をどの程度掘り下げて現状把握すべきかを見極め，それができているかを確認することです。例えば，商品数が少ない場合，顧客別で売上・利益を管理したほうがよい場合が多く，逆の場合は商品別での分類がよいでしょう。

　「事業計画」は，数年先までのPLを作成しているかどうか，その中身は実際の現状を捉えたものかどうかの確認です。事業計画書は，銀行から融資を受ける時に求められる場合が多いのですが，作成されていないケースもあります。また，作成されていても，その根拠が不明確な場合が非常に多いのが現状で，その場合事業計画は，単に数字を並べただけで形骸化されたものであり，経営に活かされていないため，あまり意味をなしません。

　「予実管理」は，商品別，顧客別に予算を策定し，実績とすり合せて即座に現状を把握し，迅速な改善行動を行っているかどうかを確認します。経営はよくPDCA（Plan：計画，Do：実行，Check：検証，Action：改善行動）が回っているかが問われます。このPDCAが回せているかどうかは，まずはこの予実管理を実施しているかどうかです。

　なお，これら収益管理・事業計画・予実管理は，作成，実施する上で，右図のように連動しています。

「資金繰り表」は，現金の入出金を表したもので，現状の資金繰りだけでなく，見込み表を作成しているかどうかを確認します。再生段階になると，いつ資金ショートするかどうかを把握することは極めて重要であり，その管理ができているかを確認します。

経営管理（例：金属加工会社）

(3) 数値管理	
収益管理	・試算表ベースのみで，<u>顧客別の収益管理は行っていない</u>
事業計画	・作成しており，各銀行に提示している ・しかし，根拠なく売上を数％ずつ上げているだけで，経費削減の計画もなく，<u>経営に活かせていない</u>
予実管理	・組織全体での予算は作成しているが，実績との差異分析や振り返り，原因追究は行っておらず，<u>PDCAは回せていない</u>
資金繰り表	・作成しており，各銀行に定期的に提示している

数値管理の流れ（例：商品別管理）

3～5年先の商品別売上・粗利の見込み作成

↓

3～5年先の予想PL作成　→　事業計画書

↓

商品別売上・粗利の見込みを月別に展開

↓

商品別売上・粗利の実績を月別に管理　→　収益管理

↓

毎月，経営会議等で，各商品の実績と見込みの状況の振り返り　→　予実管理

9-5
組織体制

「組織体制」の項目では、会社組織全体に関連する事項についてまとめます。

●組織体制の内容

「組織体制」は、会社全体の組織図と、その組織体制の特徴を明記します。

「業務内容」は、各部門の主な業務内容を明記します。もし営業部や工場の製造部で、さらに細かく部門が分かれている場合は、その各部門についての役割を明記します。例えば、「営業第1課は既存商品の販売、2課は新規開拓専門」などです。ここで、各部門の役割を明確にし、この後の部門ごとの業務フローの分析を行って、各部門で問題点や強みがないかの確認を行います。

「社員の意識」は、社員の業務に対する取組み姿勢を明記します。例えば、業務に対してひたむきに取り組んでいるのか、社長の言われる通り動いているだけなのか、それとも士気が低下してしまっているのか、経営者に忠実なのか反抗的なのか、などです。また、社員は経営者に対してどのように考えているのか、尊敬しているのか、不満に思っているのか、などについても確認します。社員が忠実で士気が高ければ、再生のためのトップダウンの改革が実施しやすいですし、経営者に不満を持っていて反抗的であれば、再生の道のりは厳しいものと想定されます。

「コミュニケーション、関係性」は、社員間（部門内・部門外）の関係性は良好か、社員と管理者、経営者との関係性はどうかを確認します。現場の人間関係が悪化していたり、上司と部下の関係が悪いと、再生への取組みは難しくなります。関係性向上のポイントはコミュニケーションである

ため，良好なコミュニケーションが行われているかについても確認します。

「組織としての一体感」は，会社全体が目標に向けてベクトルが合っているかを確認します。一体感は，自社の価値イメージと事業方針が明確で，かつ社内に浸透しており，組織としての機能面（しくみ，役割，統制）と情緒面（コミュニケーション，信頼関係）が揃って成立します。

組織体制（例：金属加工会社）

(4) 組織体制		
組織体制	社長 ├─営業部（正社員：3名） ├─設計部（正社員：1名） ├─製造部（正社員：2名，パート：1名） └─総務部（正社員：1名，パート：1名）	
	・社長も一営業マンとして活動しているため，営業部は実質4名 ・組織は簡素で意思決定が早い体制	
業務内容	社長	既存顧客の営業，金融機関対応
	営業部	既存顧客の営業
	製造部	機械加工，組立
	総務部	会計，資金繰り，金融機関対応
社員の意識	・営業部も製造部も，自身の業務を淡々とこなすのみで<u>モチベーションが低く</u>，<u>組織としてのチェック・管理機能や「報連相」</u>体制がないため，<u>緊張感がない</u>	
コミュニケーション，関係性	・<u>社員間，上司と部下との関係性，共に悪くはなく</u>，コミュニケーションは取れている ・しかし，組織としての<u>役割分担</u>が不明確なため，自分の業務以外のことはやりたがらず，営業マンの事務的な負担が増大しているため，営業部は不満を抱えている	
組織としての一体感	・上記の通り，会社としての方針なし，社長からの指示・指導なし，組織としての役割が不明確で仕組み未構築，個人主義で各自が協調性なし，情報共有不足，という状況である ・したがって，<u>組織としての一体感は欠如している</u>	

9-6
人材，人事

　「人材，人事」は，業務に必要なスキルと社員のレベル，そして人事制度に関連する事項についてまとめます。

●人材，人事の内容

　「人材，スキル」は，業務に必要なスキルが何で，社員はどの程度のレベルまでそのスキルを保有しているのかを確認します。例えば製造業であれば，特定の熟練工のみが高いスキルを保有し，それが企業の強みになっていることがありますが，育成体制がなく，部下が育っていなければ，リスクを抱えていることになります。

　「評価制度」は，社員の評価を決定するしくみの有無と，有りの場合はその内容を確認します。評価のしくみの構築は非常に難しいため，中小企業では，ほとんどの場合で評価制度のしくみはなく，経営者の一存で決まっています。極端なえこひいきがないか等を確認します。

　「教育体制」は，主にOJTのしくみについて確認します。会社を永続させるにはOJTは極めて重要であり，OJTがない会社は，会社の強みのノウハウが継承されないため，熟練者の退職と同時に会社の価値が失われる可能性があります。

　「給与体系」は，社員の給与体系を確認します。社長の一存で決まるケースが多いですが，逆に，給与制度があることで社員間の軋轢を生むケースもあります。例えば，営業マンの給与が一部歩合制であり，受注する度に営業マンだけにボーナスが入るしくみであれば，受注する度に，営業マンだけ恩恵を受けることになり，営業以外の事務員等がいろいろと努力したことが報われず，営業と事務員との関係性が悪化して業務が滞って

しまう，ということもあります。

「昇進・昇格」は，昇進・昇格がどのように決められるかを確認します。これも多くの場合，社長の一存で決まるケースが多いです。例えば，十分な経験をさせず，未熟な中で管理者に昇進させてしまうと，その人物が部門を統括できず，部門内の業務の質の低下や協力体制の不備等を招く要因になります。

「勤務体系」は，特にパート・アルバイトが，業務量に応じた勤務体制となっているかどうかに注意します。

人材，人事（例：金属加工会社）

人材・スキル	営業担当	・特注・試作品がメインであり，さまざまな加工の依頼があるため，機械加工や樹脂加工等の「加工の知識」や，適正な素材を提案する「素材の知識」が必要 ・また，見積時に図面を素早く作成することが求められるため，最低限CADが使えるスキルが必要 ・<u>加工や素材の高い知識を持っているのは社長のみで，顧客に対して提案営業ができるのは，現時点では社長のみ。その他の社員は，<u>CADのスキルは保有しているが，加工や素材の知識は不十分</u>である</u>
	製造担当	・<u>業務のスキルは高くなく，業務の幅も狭い</u> ・製造部の正社員2名のうち1名は，まったく加工ができず，組立・梱包のみ（パートと同じ作業） ・そのため，切削や穴あけなど，<u>自社で保有している設備の加工も外注に出している状況</u>
評価制度		・体系化されたしくみはなし
教育体制		・<u>当社にはOJTを組織的に実施するしくみが未構築</u> ・多くの業務を任された人材は成長し，任されていない人材は業務の幅が狭い，という状態を作り上げてしまった ・また，OJTの体制がないため，成長が遅い
給与体系		・体系化されたしくみはなく，社長の一存で決めている
昇進・昇格		・体系化されたしくみはなく，社長の一存で決めている
勤務体系		・正社員・パート：8：30〜17：30 　パートもフルタイムで業務を行っている

9-7
社員の年齢，勤続年数，部門別人数

●社員の年齢，役職，勤続年数

　各部門の年齢と役職，勤続年数の一覧を作成します。これにより，組織のさまざまな状況が見えてきます。例えば，各部門の年齢層や勤続年数の偏りがないかの確認ができます。高齢者ばかりの部門では，若手育成が課題になりますし，高齢であるほど育成の緊急度は高まります。また，部門長が若すぎないか，どの年齢層の人材を取りまとめているかなども1つの視点です。その他，部門全員が勤続年数の少ない場合は，その部門の業務遂行レベルが低い可能性があります。このように，年齢と役職，勤続年数のバランスを確認し，違和感があれば，問題が起きていないか確認します。

●部門別人数と1人当たり売上高の推移

　続いて，社員数の推移を部門別に確認します。人数は年度内で上下するため，期末の人数で統一します。過去の部門別の社員数の推移を見ることで，どの部門に注力し，いつ人数が増減したかがわかります。例えば，リストラや新たな採用をした場合，その理由と，リストラあるいは採用の前後でどのように現場が変わったかなどを確認することで，組織内の状況を把握することができます。また，業績が大幅に悪化して作業量が大幅に減少しているにもかかわらず，製造部門の人員削減に取り組んでいない場合は，社長の決断力に問題がある可能性があります。その他，各年度で「1人当たり売上高」を算出し，その推移を確認します。1人当たり売上高は，人件費の適正を判断する基準として活用できます。また，今後人件費削減に取り組む必要が生じた場合，過去の低かった1人当たり売上高を目安にすることができます。

社員の年齢，勤続年数，給与（例：金属加工会社）

部門	名前	性別	年齢	役職	勤続年数
	東京太郎	男	55	社長	30
営業	銀座次郎	男	48	部長	25
	ST氏	男	45	課長	18
	SZ氏	男	32		7
製造	新宿大輔	男	52	工場長	28
	WT氏	男	38		18
	KB氏	女	35	パート	6
設計	TK氏	男	43		9
総務	東京花子	女	52	取締役	28
	SS氏	女	28	パート	5

社員の部門別人数と1人当たり売上高の推移（例：金属加工会社）

（単位：人，千円）

		22.4期	23.4期	24.4期	25.4期	26.4期
人数	社長	1	1	1	1	1
	営業	4	4	3	3	3
	製造・設計	4	4	4	4	4
	総務	2	2	2	2	2
	合計	11	11	10	10	10
売上高		258,389	238,383	203,890	178,384	173,788
1人当たり売上高		23,490	21,671	20,389	17,838	17,379

9-8
売上高と人件費の割合

●売上高と人件費の割合

　必要に応じて，売上高と人件費の割合について確認します。

　右上図は，正社員の売上高と，変動費部分の時間外手当の状況を比較したものです。この場合，売上高時間外手当比率は一定ではなく，売上高の増減と，時間外手当の増減が比例していません。つまり，正社員が無駄な残業をしている可能性があり，社員の時間管理が不十分であるといえます。「生活残業」という言葉がありますが，これは「生活費を稼ぐために，定時で終わる仕事を，わざとダラダラ仕事をして，残業代を稼ぐ行為」のことです。給与が少なければ，少しでも残業して生活費の足しにしたい，と考えるのは，人として自然であり，管理されなければ，無駄な残業は必ず増えます。

　また，右下図は，パート・アルバイトの場合です。パート・アルバイトの人件費をすべて「雑給」として，売上高との比率を売上高雑給比率として月別にまとめています。パート・アルバイトの人件費は変動費であるため，業績や仕事の量に応じて柔軟に変動できますが，例えば繁忙期や閑散期に関係なく労働時間を固定していると，無駄な経費がかかっていることになります。

　人件費は，経費の中でもその構成比が大きいため，削減効果は大きいといえます。再生では，きめ細かい管理で，利益を捻出していかなければなりません。そのため，経費削減の1つの手段として，まずは無駄な人件費削減の取組みが求められます。

売上高と人件費の割合（例：正社員）

（単位：千円，%）

	売上高 ①	時間外手当 ②	比率 ②÷①
4月	11,382	240	2.11%
5月	10,392	203	1.95%
6月	10,383	138	1.33%
7月	10,568	183	1.73%
8月	13,882	103	0.74%
9月	17,382	189	1.09%
10月	13,882	253	1.82%
11月	21,389	283	1.32%
12月	13,382	73	0.55%
1月	11,382	87	0.76%
2月	22,382	245	1.09%
3月	17,382	164	0.94%
合計	173,788	2,160	1.24%

月別売上高と売上高時間外手当比率

売上高と人件費の割合（例：パート・アルバイト）

（単位：千円，%）

	売上高 ①	雑給 ②	比率 ②÷①
4月	5,833	1,523	26.1%
5月	6,382	1,558	24.4%
6月	5,738	1,627	28.4%
7月	4,483	1,483	33.1%
8月	3,539	1,454	41.1%
9月	5,338	1,593	29.8%
10月	7,893	1,602	20.3%
11月	3,723	1,550	41.6%
12月	8,292	1,669	20.1%
1月	3,429	1,583	46.2%
2月	5,238	1,553	29.6%
3月	8,832	1,502	17.0%
合計	68,720	18,697	27.2%

月別売上高と売上高雑給比率

ケース・スタディ

事例9 日用雑貨卸売

創　業	1940年代	社員数	8名
売上高	4億円	借入金	1億6,000万円
経営者	社長（50代男性）		

　地方の日用雑貨卸売会社の事例です。

　当社はいわゆる二次問屋であり，一次卸から商品を仕入れて，それを自社倉庫に保管，積み替えた上で顧客に配送しています。当社の歴史は古く，昔から商売している小規模小売業に対し，日用品を卸してきました。そのため，商店街の小さな小売店との取引数は非常に多くなっています。ただ，小規模店の売上は1店舗当たり少量であり，売上全体の8割は，地域の大手小売店1社が占めています。

　当社の業績が悪化していったのは，総合スーパーやコンビニ，ドラッグストアなどが，当社の地域に多数出店してきたことです。その影響で商店街はシャッター通り化するなど，町の小売店は衰退していきました。また，進出してきた大手小売店は，スケールメリットを活かすために，取引先を大手卸売に絞り込んでいます。こうして次々と取引先を失っていき，新規開拓もできず，業績は悪化していきました。社長はリストラを継続的に断行しながら，何とか事業を運営している状況でした。

　改善策の1つは，中堅小売店への営業強化です。大手と小規模との幅広い取引を活かし，現在の売れ筋情報をまとめ，提案していくことで，差別化を図っていきます。

第10章

内部環境分析
営業活動

- 10-1 「営業」の全体構成
- 10-2 営業の基本体制
- 10-3 営業活動
- 10-4 営業の業務フロー
- 10-5 営業資料
- 10-6 差別化の整理
- 10-7 営業管理

10-1
「営業」の全体構成

●営業活動のポイント

　営業活動は，小売業以外は基本的にどの業種でも必要な職種であるといえるため，小売以外のすべての事業DDで必要な項目になります。

　販売に関する活動は，営業活動，販売促進活動，マーケティングおよびブランディングがあります。各々に定義がいろいろとありますが，簡単にいうと，営業とは，自ら「売る」ための活動で，顧客との面談による販売活動を指します。また，販売促進は，自ら「売る」ための手法で，例えば，チラシの作成・配布，ポスティングや広告の掲載，SNS等になります。そしてマーケティング活動は，自然に「売れる」ためのしくみ作りのこと，ブランディングは自然に「売れ続ける」ためのしくみ作りのことです。各々について以下にまとめます。

種類	内容	ポイント
営業	「売る」ための活動	顧客への直接アプローチ
販売促進	「売る」ための手法	顧客との接触頻度向上
マーケティング	「売れる」しくみ作り	ターゲットの明確化 付加価値の明確化
ブランディング	「売れ続ける」しくみ作り	ブランド（価値イメージ）の浸透

　本章でいう「営業」というのは，営業だけでなく，販売促進，マーケティング，ブランディングすべてを含みます。なぜなら，顧客と面談するアプローチ活動だけでは，売上アップには不十分だからです。そのため，顧客との面談の活動にとらわれない，販売活動全般について，調査するこ

とが求められます。中小企業は，特に再生企業の場合，ヒト・モノ・カネ・情報の経営資源が不足しているため，多くの営業マンを抱えたり，販促に多くのカネを投入することは困難です。また，大手企業のような知名度もないため，大手と比較して営業活動は非常に困難になります。そのため，販促ツールの質の向上，マーケティングの領域である，ターゲットを明確にし，付加価値（強み）を活かした活動，およびブランディングの領域である付加価値浸透の施策が非常に重要になってくるのです。

　前述の通り，問題解決も重要ですが，それだけでは不十分です。売上も上げていかなければなりません。そのためには，効率的・効果的に売上を上げていくしくみを構築しなければならず，そのために，販促・マーケティング・ブランディングも含めた営業活動を行うことが求められます。単純な顧客との面談活動ではなく，どうすれば効率的・効果的に売上を向上させることができるか，広い視野で，売るための手法を検討していくことが重要になります。事業DDでは，これらをトータル的に評価し，施策として提案することが求められます。

「営業」の全体像

営業活動の現状
- (1) 営業の基本体制
- (2) 営業活動
- (3) 業務フロー
- (4) 営業資料
- (5) 差別化と機会・脅威の整理
- (6) 営業管理
- (7) 問題点

10-2
営業の基本体制

　「営業の基本体制」の項目では，営業活動を行っていくためのベースとなる体制やしくみについてまとめます。

●**営業の基本体制の内容**

　営業については，最初に営業活動を行うベースとなる「基本体制」について確認します。

　まずは「営業体制」ですが，営業部の組織図と，営業体制のポイントの説明を行います。営業担当別に役割が決まっているのであれば，それらも明記します。

　次に「営業戦略」です。営業戦略とは，目的達成のための最善の方法のことです。そのため，この項目では，その会社で取り組んでいる大まかな営業手法を明記します。例えば，「徹底したネット活用」「大手商社を活用したルート営業」「顧客の要望に応えることによる徹底した関係性構築」等です。

　「営業方針」とは，営業戦略を具体的に実行する上で守っていること，ポリシーです。例えば，プライドの高い社長にありがちですが「他社の類似品は出さない」という方針を打ち出している，というような場合です。このポリシーによって，非合理な営業活動に陥っているケースがありますので，注意して確認します。

　最後に「営業会議」です。営業会議は，基本的に毎週，週のはじめか終わりに必ず必要で，その際に，この1週間の営業活動の成果や出来事，次の1週間の予定についての情報共有が必要であると考えてください。なぜなら，営業という職種は，会社の外で活動することが多いため，ある程度

管理しなければ何をしているかわからなくなる（外でサボってしまう）からです。また，顧客と接触することが多いので，顧客の提案や，その企業で起こっていることが，商品開発や，別の顧客で活かせることが多々あるため，徹底した情報共有が必要だからです。

営業の基本体制（例：金属加工会社）

2．営業活動の現状
(1) 営業の基本体制

営業体制	東京社長 銀座部長 ST課長 SZ氏			・東京社長も営業を実施している ・営業部は3名で，部長，課長，正社員と階層になっているが，各自で担当する顧客を持ち，各自の責任で営業を行っているため，上司・部下の間での「報連相」のしくみはない
営業戦略	・戦略としては「市場浸透戦略」で，既存顧客の囲い込みが中心 ・ただし戦略的な取組みではなく，実務で「既存顧客の要望や引合い，注文への対応」を繰り返すのみ			
営業方針	・社長自身は，「既存の顧客の問題点を掘り起こし，提案して案件につなげる」という方針で活動しているが，社内で浸透しておらず，他の営業マンは既存顧客の引合い待ちである			
会議体	営業会議	出席	・社長，全営業社員，合計4名	
		開催頻度	・毎週（月）8：30～9：00	
		提出書類	・なし	
		内容	・現在受注している案件の報告 ・今週の予定表（訪問先）の報告 ・問題点等の報告	

10-3
営業活動

「営業活動」の項目では，営業の種類や，具体的な営業活動についてまとめます。

●営業活動の内容

「営業の種類」とは，法人営業か個人営業か，直接営業か間接営業なのか，通信販売を実施しているのかを確認します。

法人営業	企業向けの営業活動
個人営業	個人（一般消費者向け）の営業活動
直接営業	メーカー，小売，一般消費者向けの営業活動
間接営業	商社向けの営業活動
通信販売	ネットや雑誌を介しての販促活動

法人営業と個人営業は，共に直接営業が主体であることが望ましいといえます。なぜなら，売上を安定させるには，顧客との関係性構築が不可欠であり，それには直接接触する頻度の向上が必要だからです。ただし，間接営業もある程度必要で，バランスが重要です。なぜなら，直接営業だけであれば，顧客を広げるための新規開拓営業が難しく非効率的ですし，間接営業だけでは，顧客との関係性が構築できないからです。

「営業手法」は，新規顧客開拓と既存顧客囲い込みの営業について，具体的にどのような営業活動を行っているかを明記します。「営業戦略」の項目では営業活動の概要を示しましたが，この「営業手法」の項目では，具体的な活動内容を記載します。新規顧客の開拓と既存顧客の囲い込み，これら2種類の営業手法はまったく異なるため，両方の手法について詳細に確認し，その活動が有効であるのかの判断を行います。なお，既存顧客

の横展開（既存の担当と異なる担当者，別部門など）の有無や，その実施内容についても，新規開拓の項目で明記します。

「ターゲット顧客」は，当社の主要顧客を明記します。ターゲットが不明確な状態では，売上を上げるのは困難だといえます。なぜなら，売上を伸ばすには，その会社の商品の強みが，ターゲット顧客のニーズに適合していることが必要だからです。ターゲットが不明確であれば，今後の施策の際には，ターゲット顧客を明確にすることが必要です。

「商圏」は，当社の営業範囲です。ネット販売を実施している場合，ターゲットは日本全国（あるいは全世界）になりますが，その場合は，通常の営業活動での商圏を個別に明記します。

営業活動（例：金属加工会社）

(2) 営業活動		
営業の種類	・法人向け直接営業（メーカー向け営業）：メイン ・法人向け間接営業（専門商社向け営業）：少ない	
営業手法	新規顧客	・実施していない ・かつては新規開拓の営業に取り組む方針を打ち出したことがあったが，新規開拓の管理を行わず，結果も出なかったため，誰も実施しなくなった
	既存顧客	・引合いが来てからの訪問が主体，一部定期訪問するケースもある ・社長のみ，提案からの案件獲得，横展開あり ・社長以外は同じ会社内で横展開は実施していない
ターゲット顧客	・医療関連，製薬関連，理化学関連企業	
商圏	・関東全域	

10-4
営業の業務フロー

「業務フロー」の項目では，営業部門の業務内容と，他部門との連携の流れ（引き合い〜見積提出〜受注）についてまとめます。

●業務フローの内容

顧客からの引き合いから見積提出までの営業の業務フローを明記し，この中で問題点や強みがないかを確認します。

再生企業にはさまざまな問題点がありますが，その問題点の原因が，この業務フローに隠れている場合が多くあります。例えば，営業マンが既存顧客の対応しか行わず，新規開拓の営業を実施できない，という問題点が表面化していたとします。そこで右図の通り業務フローを確認すると，1件の見積作成のために，多大な負荷がかかっていた，ということが判明しました。具体的には，見積作成に技術的な知識が必要なため，自らいろいろと調べたり，周囲へ質問したりして多くの時間を費やしている，価格表がないため，都度外注先へ見積依頼を出している，経験不足から見積の内容が不十分で，無駄なやりとりが多発している，などです。このように，業務の各工程の内容とプロセス，作成物等を，この業務フローの中で丁寧に拾っていき，問題点を明らかにしていきます。なお，この業務フローの中で，部門間の情報伝達で使用するフォーマットがあれば，その中身も確認します。なぜなら，そのフォーマット自体に不備があり，それが原因で情報が正しく伝わっていない場合もあるからです。

ちなみに右図の業務フロー図で，上段のフロー①は業務のフローを詳細に示したもの，下段のフロー②はフロー①を簡易的に整理したものです。

第10章　内部環境分析――営業活動

営業の業務フロー①（例：金属加工会社）

工程	顧客	自社			外注先	強み，問題点
		営業	設計	製造		
見積依頼	TEL，メール　見積依頼　訪問 → 打合せ，内容確認					【強み】 ・社長は提案力あり ・顧客と密着した営業 【問題点】 ・社長以外は提案力不足
製造部へ確認		口頭　質問（作り方，業者依頼方法）→ 現物提示し，寸法測定，材質確認				【問題点】 ・図面作成と見積依頼のため，製造部に，作り方の確認や，現物の寸法測定や材質確認が必要で，手間がかかる
設計部へ依頼		図面設計				【問題点】 ・設計部は受注後の設計がメインのため，見積段階は営業が作成，営業の負荷大きく，営業活動が，本来の営業よりCAD優先となっている
見積作成		メール　見積依頼 → ← TEL，メール　見積依頼 見積作成				【問題点】 ・都度業者に見積依頼する必要があるため，手間がかかる ・単なる「予算取り」の見積依頼であっても，多大な労力と時間がかかっている
見積提出	← メール　見積回答					【強み】 ・見積作成した案件については，ほぼ受注できる（他社に流れない）

凡例：伝送手段・方法／伝送物・内容／矢印始点：伝送元／矢印終点：伝送先／□：実施内容／□：作成物

営業の業務フロー②（例：金属加工会社）

	業務	問題点	強み
①	見積依頼・顧客と仕様確認の打合せ	・社長以外は提案力不足	・社長は提案力あり ・顧客と密着した営業
②	製造部へ仕様確認	・図面と見積作成で，製造部に作り方や寸法測定，材質確認が必要で，手間がかかる	
③	図面作成	・見積段階で図面は営業が作成，営業の負荷大きい	
④	見積作成	・都度業者に見積依頼する必要があるため，手間がかかる	

10-5
営業資料

　「営業資料」の項目では，営業部門が営業活動で使用する営業・販促資料である会社案内，商品カタログ，ホームページ，チラシ等の販促資料についてまとめます。

●**営業資料の内容**

　まずは「会社案内」ですが，会社案内は，一般的に「ごあいさつ」「会社概要」「沿革」「商品の写真と簡単な説明」「アクセス」などが書かれています。ただ，このような一般的な記載だけでは，他の会社との違いをアピールすることはできないため，顧客はその企業を選択できません。そのため，顧客に選んでもらえる内容を網羅しなければなりません。

　具体的には，1つは経営理念・ミッション・ビジョンという経営の三軸の明確化です。会社がどのような姿勢で事業に取り組んでいるかを明らかにし，顧客に「この会社は信頼できる」「この会社とパートナーになりたい」と思ってもらえるよう，写真と言葉でアピールできるように構成されている必要があります。そしてもう1つは，自社の強みの明確化です。自社の強み・付加価値は何なのかを明らかにし，顧客が，この会社と取引することに優位性を感じてもらわなければなりません。

　次に「商品カタログ」です。商品カタログは「優秀な営業マン」であり，優秀な営業マンの営業トークの内容が簡潔にまとめられていることが必要です。つまり，その商品の強みと，顧客のベネフィット（便益）が明確であり，顧客が当社の商品を選ぶ理由が明らかになっていなければなりません。この商品によって，顧客のどのような問題や悩みが解決するのか，どのようなニーズやウォンツを満たすのか，わかりやすく示すことが

重要です。

続いて「ホームページ」ですが、ホームページの役割は、売り込むためのツールではなく、会社や商品に関する詳細の説明を明記し、顧客に当社の内容をじっくり理解してもらうことです。したがって、会社案内と商品カタログの双方の要素を持ち、かつ、さらに詳細に明記されていることが必要です。

「チラシ」については、本来なら細かい設計が必要ですが、確認する項目は、カタログと同様に「強み」「ベネフィット」、そしてきちんとターゲット顧客に届くように配布しているかについても、合わせて確認します。

なお、報告書のスペースに余裕があれば、各営業資料の写真を掲載してもよいでしょう。

営業資料（例：金属加工会社）

(4) 営業資料	
会社案内	・A4見開きのものがある ・見開きに「弊社製作品例」として、製品の写真が掲載されているが、特注品である旨明記されておらず、<u>当社の強みが不明確</u>であり、<u>新規開拓の販促ツールとしては不十分である</u>
商品カタログ	・商品カタログはなし
ホームページ	・ホームページは「会社概要」「理念」「沿革」「実施可能な加工技術」「商品紹介」のみ記載された簡易なもの ・<u>当社の強みは何なのか</u>、つまり、<u>顧客はなぜ当社を選ぶのかが不明確</u>であるため、改善を要する

10-6
差別化の整理

「差別化の整理」の項目では，マーケティングミックスのフレームワークを活用して，差別化要因を割り出します。

●差別化と機会・脅威の整理の内容

項目は，マーケティングミックスの4Pである商品・サービス（Product），販売促進（Promotion），販路・流通（Place），価格（Price）のほか，ブランド（知名度），顧客との関係性，の6つの切り口について，競合他社と比較した時の強み・弱みを整理します。

「商品・サービス」については，当社の取扱商品・サービスの種類を明記した上で，各々の強みと弱みについて明記します。具体的には，機能面（商品そのもの）と情緒面（デザイン等），その他品質，ラインナップ，素材，製造技術などがあります。

「営業・販売促進」は，営業力・販促力（PR力・情報発信力）などについて見ていきます。例えば，営業マンの数，商圏，顧客との密着度，商品カタログやチラシなどの比較，ネットの活用などについての優位性や劣位性を整理します。

「販路・流通」は，販売チャネル，輸送方法，立地など，効率的，効果的にアクセスしているかについて確認します。

「価格」については，競合との価格の比較のほか，利益率，価格算出方法，値引き，取引条件，仕入れ価格など，価格面全般について見ていきます。

「ブランド・知名度」は，その会社や商品に関する業界の知名度について確認します。「顧客との関係性」は，文字通り，顧客とどの程度関係性を構築できているかを確認します。4Pに加え，これらブランドと顧客と

の関係性も，大いに差別化要因となります。

その他，外部環境ではありますが，顧客の状況（ニーズやウォンツ，顧客の特性，顧客意識の変化など）も重要なため，「機会」と「脅威」の項目を追加して整理します。

差別化と機会・脅威の整理（例：金属加工会社）

(5) 差別化と機会・脅威の整理

商品	種類	・新規特注品，リピート ・既存特注品の修理
	強み	・特になし
	弱み	・ミスが比較的多い（品質面で弱み）
営業・ 販売促進	強み	① 見積段階で図面を作成する ② 加工のワンストップ対応（機械・樹脂・ゴム・ガラスすべての加工を一括受注） ③ 素材提案力（装置に合わせた最適な素材提案）
	弱み	・外注が主体のため，技術力は低い ・営業のスキルが低いため，相手の要求に対し，それに応える提案ができない
販路・ 流通	強み	・メーカーとの直接営業のため，顧客との関係性を構築しやすい，案件を拾いやすいメリットあり
	弱み	・商社活用が少なく，自ら新規開拓営業を実施しなければ新規顧客の獲得は難しい
価格	強み	・特になし
	弱み	・各加工専門会社と比較して高い ・見積計算に不備あり
ブランド (知名度)	強み	・既存顧客の知名度，信頼は厚い
	弱み	・既存顧客以外では，知名度はない
顧客との 関係性	強み	・昔ながらの付き合いが続いているため，既存顧客との関係性は強い
	弱み	・付き合いが個人であるため，担当者が変わると案件を失うこともある
機会		・特注品のため，修理やリピートは必ず当社に受注がくる 　⇒競合がおらず，価格コントロール可能 ・特注品のため，手間がかかり，他社は参入してこない 　⇒独占に近い市場
脅威		・特注品であり，リピートが望めない ・リピート品も，限定品のため数は望めない ・低価格の要求が高まっている ・低価格の海外加工メーカーの技術力が向上している

10-7
営業管理

　「営業管理」の項目では，収益管理，顧客管理，営業マン管理，価格管理の4つの視点から整理します。

●営業管理の内容

　まずは「収益管理」ですが，各営業マンが，自身の担当する顧客の予算と実績の管理を実施しているかどうかを確認します。営業マンが日々，精力的に営業活動を行うためには，現在担当している顧客の目標が明確であること，売上目標値と実績値を定期的に把握するしくみができていることが重要です。

　「顧客管理」は，「履歴管理」「案件管理」「新規顧客進捗管理」の3点について確認します。まずは「履歴管理」ですが，既存顧客ごとの実績が整理されているかを確認します。履歴管理を行っていれば，顧客の状況を細かく把握でき，顧客ごとのきめ細かい対応ができますし，営業担当が変更になる時でも，引き継ぎがスムーズになります。「案件管理」は，現在引き合い中の見込み客案件が整理されているか，「新規顧客進捗管理」は，新規顧客へのアプローチの情報が整理されているかを確認します。具体的には，いつ訪問して，どのような対応をして，その反応はどうだったかです。これがなければ，一度接触してもそのまま放置，という状況を招いてしまいます。

　次に「営業マン管理」ですが，まず「日報・週報」は，営業活動の状況の履歴を残し，活動内容を組織内で共有するための管理です。この管理を怠ると，顧客に訪問しても，しっかり情報を収集する意識が薄れ，日々の営業活動の質が低下します。ただし，日報や週報は，現場からの単なる報

告となって形骸化しがちです。そうならないためには，営業マンから「予定訪問客と実施予定」「実施可否」「具体的実施内容」「結果と原因」を報告させ，管理者が「実施内容は適切か」を判断してアドバイスを行う，という形式にすることが有効です。続いて「スケジュール管理」は，営業マンの日々のスケジュールが管理されているかを確認します。この管理を行わなければ，営業マンは事務所に閉じこもる，お気に入りの既存顧客に張り付くなどで，苦手な顧客を訪問しない，新規開拓を疎かにする等が発生します。

最後に「価格管理」ですが，価格表の有無や，顧客別の利益率の管理が行われているかを確認します。価格管理が曖昧だと，利益率の低下につながります。

営業管理（例）

(6) 営業管理			
顧客管理システム		・会計システムと連動している	
収益管理	顧客管理	・顧客別収益管理，予実管理は未実施	
	商品管理	・特注品のため不要	
顧客管理	履歴管理	・顧客別の案件履歴管理は未実施	
	案件管理	・実施している（現在引き合い中の案件）	
	新規顧客進捗管理	・新規開拓は現在実施していない	
営業マン管理	日報・週報管理	・日報・週報等の報告はなし ・毎週（月）営業会議にて口頭で報告	
	スケジュール管理	・予定表（訪問先）は未作成 ・毎週（月）営業会議にて口頭で報告	
価格管理	価格表	・特注のため価格表は作成不可	

ケース・スタディ

事例10 衣料品製造小売

創　業	1950年代	社員数	55名
売上高	8億円	借入金	11億円
経営者	社長（50代女性）		

　ダンスやバレエに特化した衣料品製造小売の事例です。

　当社は自社ブランドで衣料品を提供していますが，企画製造はすべて外注です。販売は，全国に5店舗構えるほか，営業部門を有し，全国の衣料店に商品を卸しています。1996年に公開された映画「Shall we dance?」の影響で売上は好調でしたが，その後ブームは終焉してダンス人口が一気に減少し，1998年に22億円あった売上は，15年後には8億円にまで落ち込みました。

　当社の最も大きな問題点は商品力の低下です。商品企画をすべて外注に依存していたため，セール時に新商品が間に合わないことが多発し，さらに新商品自体の質も下がっていました。結局売れ残りの値引き販売が主体となって，安売りのイメージが定着してしまいました。店員たちの危機感が高まっていましたが，経営者は一向に改善へ取り組む姿勢を見せません。

　解決策として，商品を自社企画に切り替えて商品力を高めること，リードタイムを管理し，セール時に多くの新商品を取り揃えること，そして現場の声を企画に反映するしくみを構築することです。「より良いものを適正価格で提供する」という，商売の王道のしくみを実現するため，別の人材を実質リーダーに抜擢して，再生に向けて会社全体を動かしていく必要があります。

第11章

内部環境分析
製造活動

- 11-1 「製造」の全体構成
- 11-2 製造の基本体制
- 11-3 製造の業務フロー
- 11-4 在庫管理
- 11-5 労働時間管理
- 11-6 ロス管理
- 11-7 材料別ロス率の算出
- 11-8 原価の確認
- 11-9 原価計算❶
  原材料費の算出
- 11-10 原価計算❷
  労務費・経費,製品別原価と原価率の算出

11-1
「製造」の全体構成

●製造活動のポイント

　製造業では，製造活動の状況について見ていきます。右記の通り，さまざまな項目から調査を行っていきますが，製造活動でポイントになるのは，①製造工程は適切か（業務フロー，工程管理），②無駄な在庫が発生していないか（在庫管理），③5Sが徹底できているか，④ロスは出ていないか（ロス管理），⑤効率的に製造されているか（労務管理），⑥原価が算出されているか（原価管理），の6点です。

　「業務フロー」は，営業活動と同様，業務フローの中に，問題点や強みが隠れていることが多いため，しっかりと確認します。見込み生産の場合は，営業からの需要予測が重要になります。受注生産の場合は，顧客の要望が正確に伝わるしくみが重要になります。また，双方ともに工程管理（納期通りに適切な進度で，高品質・高精度で施工するための管理）が重要なポイントです。

　「在庫管理」には，材料在庫，仕掛品在庫，製品在庫の3種類の在庫があります。無駄な在庫はキャッシュフローを圧縮するので，各工程でしっかり管理されているかを確認します。

　「5S」については，整理・整頓・清掃・清潔・躾が徹底できているか，確認します。

　「ロス管理」については，ロスは収益を圧迫するため，管理の有無，つまり，日々の業務でロス状況を管理し，ロスの原因を究明して，即座に改善策を取る体制が構築されていることが望まれます。ロス管理が行われていない場合，ロスが低収益の要因である可能性もあるため，わかる範囲で

ロスの状況を確認する必要があります。

「労務管理」については，無駄な残業や，無駄にパートを長時間勤務させていないかの確認のほか，人員の配置や，他部門への応援体制は適切かをチェックします。

最後に「原価管理」についてですが，原価管理が行われていないケースが非常に多いのが現状です。原価がわからなければ，いくら儲かっているかがわからないまま見積を出していることになり，慢性的に利益を圧迫している可能性があります。また，原価をベースに見積金額を算出するしくみがあっても，見積算出式自体に不備があると，正しい原価での金額を導き出すことはできません。そのチェックも必要となります。

「製造」の全体像

製造活動の現状
- (1) 製造の基本体制
- (2) 業務フロー
- (3) 在庫管理
- (4) 5S
- (5) ロス管理
- (6) 労働時間管理
- (7) 原価管理

11-2

製造の基本体制

　「製造の基本体制」の項目では，製造活動のベースとなる基本的な体制としくみについて整理します。

●**製造の基本体制の内容**

　まずは「組織体制」ですが，製造部門の組織について明記し，この組織の特徴や，追記すべき事項をコメント欄に記載します。

　「各部門の概要」については，各部門の人数，業務内容について記載します。規模がある程度大きくなると，例えば製造1課ではカスタマイズ品の生産，製造2課では量産品の生産，というように，各部門で役割が分割され，各部門の業務内容を把握する必要が出てきますので，ここで整理しておきます。これにより，組織図と，この部門概要で，製造体制について把握できます。

　「注文〜出荷の業務フロー」では，業務が複雑な場合にのみ，業務フローの概要を，取引先⇒本社⇒工場の大きな流れを簡潔にまとめておきます。規模が大きい場合，業務フローが複雑になるため，この基本体制のところで全体の流れを大まかにおさえておくことで，後述する細かい業務フローの理解が深まります。

　「会議体」では，需給会議（工場と営業が集まり，需要の見込みと供給の状況を共有し，無駄な在庫を極力抑えながら納期通りに出荷するための調整を行う会議）の状況等について確認します。

　最後に「5S」ですが，5Sとは，整理・整頓・清掃・清潔・躾のことであり，その内容を以下に簡単にまとめます。

整理	不要なものを捨てる
整頓	使いやすく並べて表示する
清掃	清掃・点検を行う
清潔	清潔さを維持する
躾	以上について習慣化する

5Sの徹底と会社の業績は関連性があり，5Sが欠如している現場は業績も良くなく，従業員のモチベーションも低い場合が多くなっています。5Sについて不備がある場合は，写真も合わせて掲載し，指摘することが望ましいでしょう。

製造の基本体制（例）

3．製造活動の現状
(1) 製造の基本体制

組織体制	生産部 ├ 品質管理課／製造課／生産課 　　　　　　└ 製造1班／製造2班	・昨年から品質管理への取組みを行った結果，クレーム数は大きく減少 ・現在品質管理担当が在庫圧縮を指示されているが，未実施 ・社員のスキルが不十分で，OJTのしくみもない ・社員とパートのスキルがバラバラで，役割も不明確		
各部門の概要	部門名		人数	業務内容
	製造課	製造1班	社員：3名，パート：1名	カスタマイズ製造
		製造2班	社員：1名，パート：5名	量産品の製造
	品質管理課		社員：1名	検査
	生産課		社員：2名	出荷，材料仕入
注文～出荷の業務フロー	取引先 注文書を当社本社へ送付	本社 注文書を元に，製造指示書を作成，工場へ送付	工場 製造指示書を元に生産・出荷し，製造日報を本社へ送付	本社 納品書・請求書を作成，取引先へ送付	
会議体	需給会議	出席者	・生産部の各課長，営業部課長		
		頻度	・月1回（毎月第一月曜日　13：00～15：00）		
		内容	・先月の見込みに対する実績 ・今月の見込みの報告 ・材料の仕入れ状況，在庫状況，出荷状況の報告		
5S	整理・整頓	・現場の備品，書類関係は整理・整頓されている			
	清掃・清潔	・現場は毎日清掃されており，清潔さは保たれている			
	躾	・現場社員により整理・整頓・清掃・清潔が保たれている			

11-3
製造の業務フロー

　「製造の業務フロー」の項目では，営業が作成する生産計画や製造指示書から，調達，製造，検査，出荷に至るまでのプロセスと，各工程の業務内容，そして各工程での強みと問題点を整理します。

●業務フローの内容

　右図の事例は，見込み生産の業務フローの事例であり，右図に沿って各工程の説明を行っていきます。

　「生産計画」は，本社（営業）側で，顧客別・製品別の生産計画（出荷見込み）を作成して工場へ伝達するのですが，この精度が低いと，部材の在庫が不足して納期遅延を起こしたり，逆に部材の在庫が増えすぎて在庫過多を発生させることになるため，生産計画をどのように立てているか，その精度はどの程度かを確認します。

　「調達」では，本社からの見込みに対して，各部材の在庫と生産見込みを調整して，部材を調達します。担当者の勘で発注することもよくあるため，ここでは，どのような基準で部材の発注を行っているかに注目して確認します。

　「製造」は，自社の品質を決める最も重要な工程です。その企業が品質の高さが強みであれば，この製造工程にその強みの要因があるはずなので，それを確認します。反対にロス率やクレームが多い場合も，この製造工程の中に要因がある可能性が大きいため，しっかりチェックしていきます。

　その他，「検査」や「出荷」についても強みと問題点がないかを探っていきます。

　さらに，当社の品質に影響を与えるのは「設備」です。資金繰りの関係で，新たな設備の導入が困難で，古い設備を長年使っていることもよくあ

ります。その場合，修理を行いながらの製造になるため，品質の低下や製造リードタイムの長期化，修繕費の増加などを招くおそれがあるので，状況を確認します。

その他,「製造指示書」の用紙など，この業務の中で使用するフォーマットについても確認します。

製造の業務フロー（例）

(2) 業務フロー

工程	部門	内容	強み	問題点
生産計画	本社	・1ヶ月単位で生産見込みを作成し，工場へ提示 ・注文ごとに，本社で製造指示書を作成し，工場に送付		・1ヶ月単位で作成する生産見込みの精度が低く，実質機能していない
調達	生産課	・材料の発注は，注文と在庫，生産計画を踏まえ，随時行っている ・製品の外注は行っていない	・すべて自社生産のため，納期が柔軟で，短納期対応が可能	・特殊な装置は稼働率が低い
製造	製造1班 製造2班	・標準品の受注は少なく，カスタマイズが多い個別受注生産	・スキルの高い社員によるカスタマイズが顧客に定評	・スキルが偏っており，育成できていない ・スキルの高い技術者がいないと成り立たないためリスクが高い
検査	品質管理	・標準品，カスタマイズ品，共に全品検査を実施	・熟練者による徹底した検査によって，品質問題は極めて少なく，顧客から評価が高い	・出荷検査と納品立合は1人が担当しており，時間がかかってボトルネックとなっている
出荷	生産課	・出荷頻度は1日1回		
設備	工場長	・旋盤，フライス，溶接機，変換器，圧縮コンプレッサー 等		・機械の老朽化が激しく，故障も多いため，修理しながら稼働させているため，納期に影響が出ている

11-4
在庫管理

「在庫管理」の項目では，各プロセスで発生する材料在庫，仕掛品在庫，製品在庫について整理します。

●**在庫管理の内容**

在庫というのは，少なすぎると，納期遅延を招き，顧客の信頼を損ねてしまいます。一方で，多すぎると資金繰りの悪化を招きます。再生企業の場合，資金繰りが厳しい場合が多いですが，その要因の1つとして，慢性的な在庫過多に陥っているケースが少なくありません。特に，在庫の長期化による経年劣化やロスの発生により，死蔵在庫が増加すると，さらなる資金繰りの悪化を招いてしまいます。在庫管理を行って，適正在庫をキープすることが求められます。

在庫には，材料在庫，仕掛品在庫，製品在庫があります。仕掛品在庫には，工程内の複数箇所で発生していることがあります。在庫管理というのは，これら各在庫について，適正値をキープするように管理されていることですが，実際の在庫が，現場に行って即座に把握できるよう管理されていることが必要です。また，タイムリーにパソコン画面で確認できることが理想ですが，パソコンで在庫が管理されている場合でも，精度が低いと，在庫管理の意味がなくなってしまいます。その場合，精度が低くなる要因を探り，対策の1つとして取り上げる必要があります。

工場では通常，在庫と納期のどちらを優先するかというと，納期を優先する企業が圧倒的に多いです。理由は，納期遅延を起こすと得意先との関係性に問題が生じるからです。そのため，在庫を工場現場任せにしてしまうと，在庫不足による納期遅延を起こさないようにと，必要以上の在庫を

抱えてしまう傾向があります。ですから，在庫は現場任せにせず，管理部門側でしっかり管理することが求められます。

在庫管理（例）

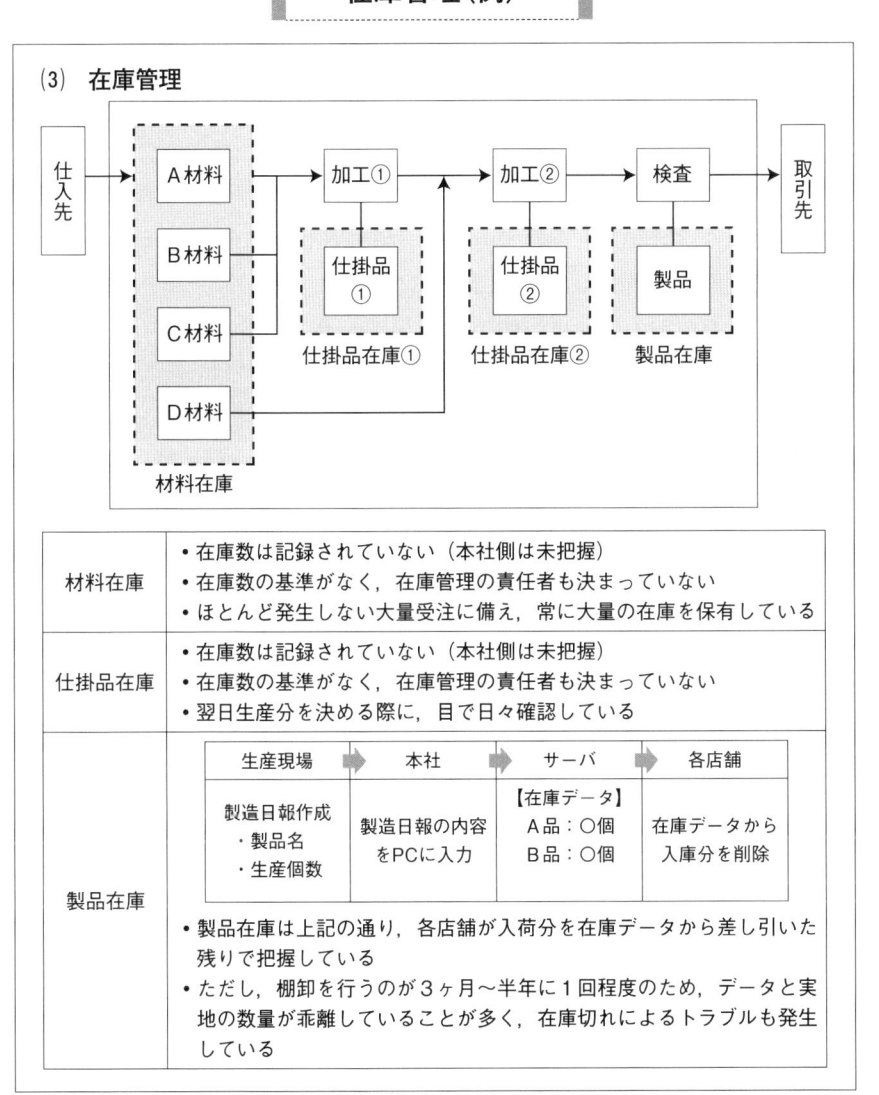

(3) 在庫管理

[図：仕入先 → A材料・B材料・C材料・D材料（材料在庫）→ 加工① → 仕掛品①（仕掛品在庫①）→ 加工② → 仕掛品②（仕掛品在庫②）→ 検査 → 製品（製品在庫）→ 取引先]

材料在庫	・在庫数は記録されていない（本社側は未把握） ・在庫数の基準がなく，在庫管理の責任者も決まっていない ・ほとんど発生しない大量受注に備え，常に大量の在庫を保有している
仕掛品在庫	・在庫数は記録されていない（本社側は未把握） ・在庫数の基準がなく，在庫管理の責任者も決まっていない ・翌日生産分を決める際に，目で日々確認している
製品在庫	<table><tr><td>生産現場</td><td>➡</td><td>本社</td><td>➡</td><td>サーバ</td><td>➡</td><td>各店舗</td></tr><tr><td>製造日報作成 ・製品名 ・生産個数</td><td></td><td>製造日報の内容をPCに入力</td><td></td><td>【在庫データ】 A品：〇個 B品：〇個</td><td></td><td>在庫データから入庫分を削除</td></tr></table> ・製品在庫は上記の通り，各店舗が入荷分を在庫データから差し引いた残りで把握している ・ただし，棚卸を行うのが3ヶ月〜半年に1回程度のため，データと実地の数量が乖離していることが多く，在庫切れによるトラブルも発生している

11-5
労働時間管理

　「労働時間管理」の項目では，各部門の月別の1人当たり残業時間（パートの勤務時間）について整理します。

●労働時間管理の内容

　製造原価は，材料費・経費・労務費・外注加工費に分かれます。工場で働く製造部門の従業員の給与は労務費に含まれます。ちなみに取締役や事務員，営業部門の人件費は，販管費になります。

　労務費は，特に変動費について注目します。なぜなら，管理状況によって増減するからです。正社員の無駄な残業や，パートの無駄な長時間労働は，原価高騰につながってしまいます。そのため，正社員の残業時間，パートの労働時間の管理が重要になってきます。製造業では，閑散期でも，正社員が残業したり，終日フルタイムでパートを働かせることがあるため，労働時間の管理状況を調査で明らかにすることが必要です。

　右図は，正社員の残業時間を，月別に部門ごとに表したもので，月別の本社A課・工場B課・工場C課の1人当たり残業時間と，各月の売上構成比をグラフにしたものです。

　本社A課は，売上が低い月でも一定の残業時間があり，かつ売上が高い月でも残業時間に変化がないため，無駄な残業が慢性化している可能性があります。

　工場B課は，売上が高い月に残業が極端に増加しているため，繁忙期でもC課からの応援がないと想定されます。シフトの問題か，従業員のスキルの問題か，あるいは設備の問題なのか，ヒアリングでさらに深掘りすることが必要です。なお，B課の9月の残業は，生産数が大幅に下落してい

るにもかかわらず多くなっているので，生産数に合わせた残業管理が行われていない可能性があります。

工場C課は全体に残業時間が少なくなっています。過剰人員の可能性を探る必要があります。

このように，まずは定量分析を行い，仮説を立てながら，ヒアリングで定性要因を探っていきます。

労働時間管理（例）

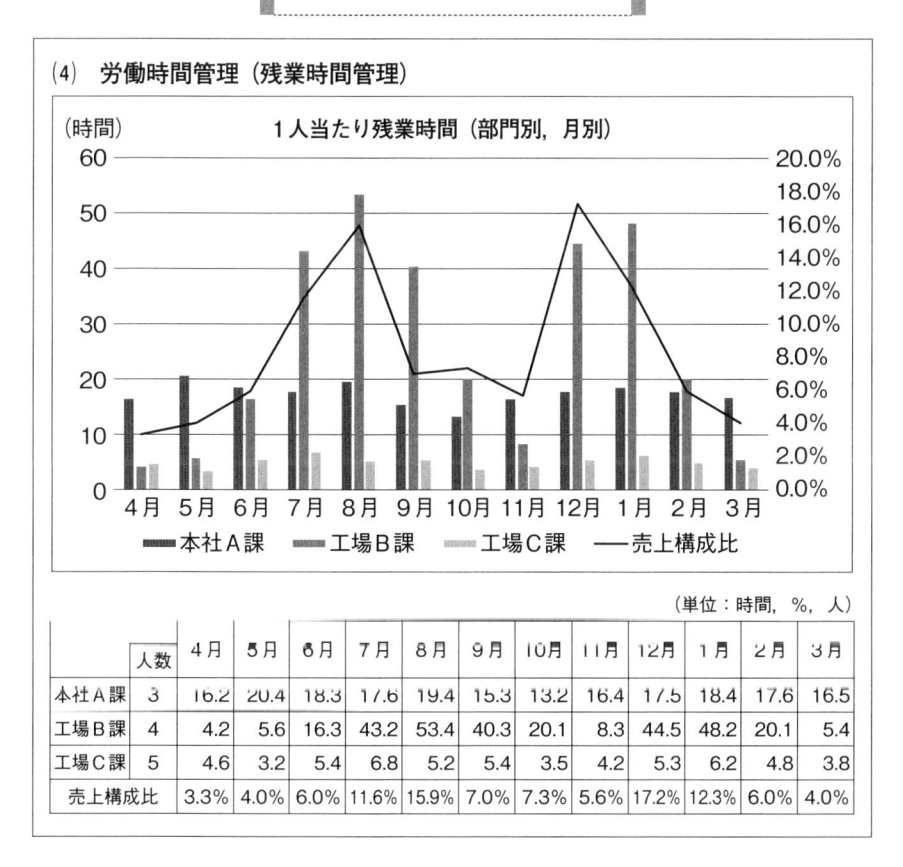

(4) 労働時間管理（残業時間管理）

1人当たり残業時間（部門別，月別）

（単位：時間，％，人）

	人数	4月	5月	6月	7月	8月	9月	10月	11月	12月	1月	2月	3月
本社A課	3	16.2	20.4	18.3	17.6	19.4	15.3	13.2	16.4	17.5	18.4	17.6	16.5
工場B課	4	4.2	5.6	16.3	43.2	53.4	40.3	20.1	8.3	44.5	48.2	20.1	5.4
工場C課	5	4.6	3.2	5.4	6.8	5.2	5.4	3.5	4.2	5.3	6.2	4.8	3.8
売上構成比		3.3%	4.0%	6.0%	11.6%	15.9%	7.0%	7.3%	5.6%	17.2%	12.3%	6.0%	4.0%

11-6
ロス管理

「ロス管理」の項目では，各プロセスで発生するロスの状況とその管理について整理します。

●ロス管理の内容

再生企業の業績低迷の理由は，適正な利益を稼ぎ出せないからです。利益が出ない理由はさまざまですが，その要因の1つとして，ロスが多く発生している場合があることが挙げられます。

ロスは，誤発注や在庫の死蔵化，製造ミスや無駄な材料の使い方など，さまざまな要因により，さまざまな工程で発生します。したがって，どの工程で，どのようなロスが発生しているかをしっかりと確認することが重要です。

企業側ではロス率を算出していないケースが多いため，調査で可能なレベルでロス率を明確化するよう試みます。ただ，各製品の1個当たりの材料使用量等が不明な場合，正確なロスは算出できません。その場合，右図のように，ヒアリングでおおよそのロス数量を確認します。正確な数値ではありませんが，精密な数値を割り出すことができなければ，ざっくりと，どの程度ロスが発生しているのか，その要因は何なのかを探るようにします。

以下に，ロスの調査を踏まえた分析結果の事例を示します。

【ロス分析結果の事例】
- ロス管理を行っておらず，ロスの数量の値が記録されていない。
- ロスが発生しているところは，ほとんどが手作業であり，この手作業の工程の作業手順書が存在せず，手順は各人に任されているため，ス

キルに個人差が生まれている。
- ロスを発生させている作業員はほぼ限定されており，同じ作業員が繰り返しミスを犯している。
- OJTの体制がなく，スキル不足を改善するしくみもない。
- ロス管理をしていないため，本部側で大量のロスが出ているという認識がなく，多くのロスが放置されている状況である。

ロス管理（例：菓子メーカー）

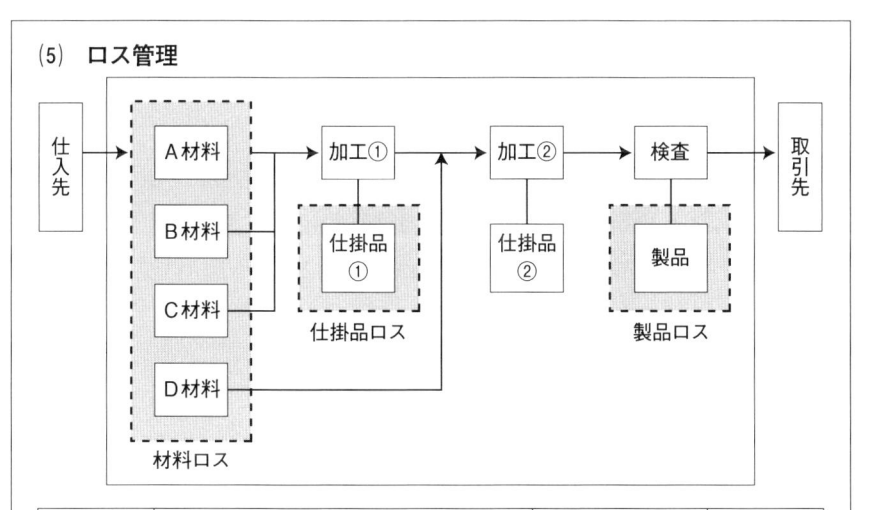

(5) ロス管理

仕入先 → [A材料／B材料／C材料／D材料]（材料ロス）→ 加工① → 仕掛品①（仕掛品ロス）→ 加工② → 仕掛品② → 検査 → 製品（製品ロス）→ 取引先

製品	主なロスの内容	月平均生産数とロス数量	ロス率
大福	・あんの量が少なすぎる ・餅の外側にあんが付着 ・あんで箱が汚れる	500個中 10〜20個	2〜4％
モナカ	・あんを入れる作業中にモナカが割れる ・箱詰めの際にモナカが割れる ・入荷時にすでにモナカが割れている ・モナカの外側にあんが付着	300個中 30個	10％
栗饅頭	・栗の形がバラバラで一定ではない ・包あん機から出てきたら形がくずれていることがある	200個中 10個	5％
	・・・・・・		

11-7
材料別ロス率の算出

　右図に沿ってロス率の算出方法を説明します。ロス率の値を算出するには，1個当たり材料使用量（右図①），各製品の販売数量（同②），実際の材料使用量（ロス含）（同⑤）がヒアリングできれば算出できます。

●**材料別ロス率の算出方法**

① 各製品X・Y・Zの1個当たりの，材料A・B・Cの各材料の使用量をヒアリングで確認する。

② 各製品X・Y・Zの年間販売数量をヒアリングする。

③ 「①×②」の計算を行い，製品別材料使用量を算出する。この値が「計算上」の，つまりロスを含まない，X・Y・Z各製品で使用したA・B・C各材料使用量になる。

④ ③で導き出した材料使用量を，各材料で合計し，A・B・C各材料の年間使用量を算出する。この値が，ロス不含の「計算上」のA・B・C各材料の年間使用量になる。

⑤ 次に，A・B・C各材料について，1年間で実際に使用した量をヒアリングする。これは，各材料の「期首在庫量＋当期仕入量－期末在庫量」で算出できるので，企業側で調べてもらう。

⑥ A・B・C各材料について「⑤－④」の計算を行う。つまり，各材料の「実際の使用量（ロス含）－計算上の使用量（ロス不含）」を算出する。これで，1年間のロス量が明らかになる。

⑦ 最後に「⑥÷⑤」の計算を行い，ロス率を算出する。

　以上が材料ロスの算出方法です。その他のロスとして，材料以外に外注費のロス（発注ミス）があるので，この管理も必要です。

材料別ロス率の算出(例)

材料別ロス率の算出手順

	材料別ロス率算出	単位	材料	算出方法	製品 X	製品 Y	製品 Z	合計
①	1個当たり材料使用量	g	A	ヒアリング	10	10	10	—
		g	B		10	20	0	—
		g	C		10	0	30	—
②	販売数量	個	—	ヒアリング	6,000	3,000	200	—
③	計算上の製品別材料使用量(ロス不含)	g	A	①×②	60,000	30,000	2,000	92,000
		g	B		60,000	60,000	0	120,000
		g	C		60,000	0	6,000	66,000
④	計算上の材料使用量計(ロス不含)	g	A	③各材料合計		92,000		—
		g	B			120,000		—
		g	C			66,000		—
⑤	実際の材料使用量(ロス含)	g	A	ヒアリング		98,000		—
		g	B			130,000		—
		g	C			70,000		—
⑥	材料別ロス量	g	A	⑤−④		6,000		—
		g	B			10,000		—
		g	C			4,000		—
⑦	材料別ロス率	%	A	⑥÷⑤		6.1%		—
		%	B			7.7%		—
		%	C			5.7%		—

11-8
原価の確認

　「原価」については，企業が適正に原価を把握しているのか，適正な見積金額を算出するしくみがあるのかについてまとめます。

●**原価の調査手法**

　適正な利益を確保するには，原価を明確にすることは極めて重要なことです。原価がわからなければいくら儲かっているかがわかりません。実際に現場では，数量が多い大口顧客で無理に低価格で受注して，調査したら利益がマイナスだった，という例は非常に多いのです。「単価が適正かどうか」を確認することは，事業DDでは極めて重要な事項です。

　例えば，右図の（例1）は，見積算出式が決まっている場合です。原価を踏まえた見積金額を的確に導き出しているように見えますが，「原価に経費とロス費が含まれていない」，「粗利が40％以上確保できない」，「見積上の労務費と労働時間が実際よりも不足している」など，さまざまな問題が判明しています。計算式が決まっていても，この計算式自体に不備があれば，毎回の見積金額が不適正であることになります。

　また，ある企業が作成している原価表に，必要な情報を追記して，右図の（例2）のようにまとめたとします。この企業の原価は，材料費は明確に出していますが，労務費は一律10.0千円で振り分けています。しかし，手作業が発生している商品がいくつかあります。手作業は極めて労力のかかるものですが，自動化された商品と，手作りの商品を，同じ金額で割り振ってしまっています。これでは，手作りの商品の原価は，実際よりかなり低く算出されてしまい，原価率が実際のものとかけ離れてしまいます。また，原価には（例1）同様に，経費やロス費が含まれていません。

原価の調査手法（例1）

(1) 見積金額算出式

（材料費＋外注費＋労務費）×1.4

※労務費＝4,000円／時間×作業時間

(2) 労務費の，見積上と決算上の差

上記見積で計上した労務費の合計	16,332千円
決算上の労務費	23,562千円
差額	7,230千円

(3) 製造・設計部の労働時間と見積上の労働時間の差

製造・設計部の労働時間	240日／年×8時間／日×4人＝7,680時間／年
労務費から算出の労働時間	23,562千円／年÷4.0千円／時間≒5,891時間／年
差異	5,891時間／年÷7,680時間／年×100＝76.7% 5,891時間／年－7,680時間／年＝▲1,789時間

■問題点
① 上記(1)より，算出式には，経費，ロス費が含まれていない
② 上記(1)より，粗利40％以上の利益を確保できない
③ 上記(1)より，労務費の計算方法が変動費の算出方法である
④ 上記(2)より，見積の労務費合計が，決算上の労務費を大幅に下回っている
⑤ 上記(3)より，見積の労働時間合計が，製造部門の労働時間合計を下回っている

原価の調査手法（例2）

商品名	販売単価（円）	原価（円）	原価率（％）	原価内訳 材料 原料（円）	原価内訳 材料 梱包材（円）	労務費（円）	経費（円）	手作業有無（有；○）
A品	80	22.3	27.9%	12.3	0.0	10.0	0.0	
B品	120	43.7	36.4%	28.3	5.4	10.0	0.0	○
C品	110	19.3	35.2%	30.5	8.8	10.0	0.0	○
D品	150	61.4	40.9%	36.2	15.2	10.0	0.0	
E品	150	64.3	42.9%	36.2	18.1	10.0	0.0	
F品	180	65.5	36.4%	35.0	20.5	10.0	0.0	○
G品	200	69.4	34.7%	38.9	20.5	10.0	0.0	
H品	200	74.4	37.2%	40.1	24.3	10.0	0.0	○
I品	250	86.9	34.8%	52.6	24.3	10.0	0.0	

11-9

原価計算❶
原材料費の算出

　企業の状況によっては，原価算出が必要な場合があります。ここでは材料費・労務費・経費の原価の簡易的な算出方法について説明します。

●各製品１個当たりの原材料費の算出
① 各製品１個当たりの各材料の使用量をヒアリングで確認する。
② 各製品X・Y・Zの年間販売数量をヒアリングする。
③ 「①×②」で，製品別材料使用量（ロス不含）を算出する。
④ ③を各材料で合計して各材料の年間使用量を算出する。
⑤ 各材料の年間使用量をヒアリングする。
⑥ 「⑤−④」で，年間材料別ロス量を算出する。
　（※ここまではロス率算出方法と同様）
⑦ 各材料の単価をヒアリングする。
⑧ 「⑥×⑦」で，材料別ロス費を算出する。
⑨ ③から，製品別の材料使用割合を割り出す。
⑩ 「⑧×⑨」で，製品別の材料ロス費の合計を算出する。
⑪ 「⑩÷②」で，１個当たり製品別材料ロス費を算出する。
⑫ 「①×⑦」の計算を行って，１個当たり材料別材料費（ロス不含）を算出する。
⑬ 「⑪+⑫」を出して，１個当たり材料別材料費（ロス含）を算出する。
⑭ ⑬を製品別に合計して，１個当たり材料費の合計（ロス含）を算出する。

　以上で，ロス費を含めた製品別の材料費が出ました。続いて労務費，経費を出して，製品別原価を求めていきます。

第11章　内部環境分析──製造活動

原価計算① 原材料費の算出（例）

	材料別ロス率算出	単位	材料	算出方法	製品 X	製品 Y	製品 Z	合計
①	1個当たり材料使用量	g	A	ヒアリング	10	10	10	—
		g	B		10	20	0	—
		g	C		10	0	30	—
②	販売数量	個	—	ヒアリング	6,000	3,000	200	—
③	計算上の製品別材料使用量（ロス不含）	g	A	①×②	60,000	30,000	2,000	92,000
		g	B		60,000	60,000	0	120,000
		g	C		60,000	0	6,000	66,000
④	計算上の材料使用量計（ロス不含）	g	A	③各材料合計		92,000		—
		g	B			120,000		—
		g	C			66,000		—
⑤	実際の材料使用量（ロス含）	g	A	ヒアリング		98,000		—
		g	B			130,000		—
		g	C			70,000		—
⑥	材料別ロス量	g	A	⑤−④		6,000		—
		g	B			10,000		—
		g	C			4,000		—
⑦	材料単価	円/g	A	ヒアリング		30		—
		円/g	B			40		—
		円/g	C			50		—
⑧	材料別ロス費（合計）	円	A	⑥×⑦		180,000		—
		円	B			400,000		—
		円	C			200,000		—
⑨	製品別材料使用割合	%	A	③X, Y, Z÷計	65.2%	32.6%	2.2%	100.0%
		%	B		50.0%	50.0%	0.0%	100.0%
		%	C		90.9%	0.0%	9.1%	100.0%
⑩	製品別材料ロス費（合計）	円	A	⑧×⑨	117,391	58,696	3,913	180,000
		円	B		200,000	200,000	0	400,000
		円	C		181,818	0	18,182	200,000
⑪	1個当たり製品別材料ロス費	円/個	A	⑩/②	19.6	19.6	19.6	—
		円/個	B		33.3	66.7	0.0	—
		円/個	C		30.3	0.0	90.9	—
⑫	1個当たり材料別材料費（ロス不含）	円	A	①×⑦	300	300	300	—
		円	B		400	800	0	—
		円	C		500	0	1,500	—
⑬	1個当たり材料別材料費（ロス含）	円	A	⑪+⑫	319.6	319.6	319.6	—
		円	B		433.3	866.7	0.0	—
		円	C		530.3	0.0	1,590.9	—
⑭	1個当たり材料費計（ロス含）	円	—	⑬計	1,283	1,186	1,910	—

11-10
原価計算❷
労務費・経費，製品別原価と原価率の算出

　労務費と経費の算出方法として，生産時間の比率で分配する方法と，販売数量を基準に分配する方法の2種類があります。ここでは，労務費を生産時間，経費を販売数量の比率で分配します。

●各製品1個当たりの労務費の算出
　⑮　X・Y・Z各製品の1個当たりの生産時間をヒアリングする。
　⑯　X・Y・Z各製品の年間販売数量をヒアリングする。
　⑰　「⑮×⑯」の計算を行い，年間生産時間を求める。
　⑱　「⑰合計÷⑰各生産時間」の計算を行い，生産時間全体に対する，X・Y・Z各製品の生産時間の比率を求める。
　⑲　労務費の合計をPLで確認する。
　⑳　「⑱×⑲」の計算を行い，製品別の労務費を求める。
　㉑　「⑳÷⑯」を求め，1個当たりの労務費を求める。

●各製品1個当たりの経費の算出
　㉒　X・Y・Z各製品の年間販売数量をヒアリングする。
　㉓　「㉒合計÷㉒各年間販売数量」の計算を行って，X・Y・Z各製品の生産数量の比率を求める。
　㉔　PLで経費の合計を確認する。
　㉕　「㉓×㉔」を求めて，製品別の経費を算出する。
　㉖　「㉕÷㉒」の計算を行って，1個当たり経費を算出する。

●製品別原価と原価率の算出
　㉗　「⑭＋㉑＋㉖」の計算を行って，X・Y・Z各製品1個当たりの原価合計を求める。

㉘ X・Y・Z各製品の定価(販売価格)をヒアリングする。
㉙ 「㉗÷㉘」で，X・Y・Z各製品の原価率を求める。

原価計算② 労務費・経費，製品別原価の算出（例）

原価（労務費）の算出手順　※生産時間の比率で分配

		単位	材料	算出方法	製品			合計
					X	Y	Z	
⑮	1個当たり生産時間	h	—	ヒアリング	4.0	5.0	18.0	
⑯	年間販売数量	個	—	ヒアリング	6,000	3,000	200	9,200
⑰	年間生産時間	h	—	⑮×⑯	24,000	15,000	3,600	42,600
⑱	生産比率	%	—	⑰X, Y, Z÷計	56.3%	35.2%	8.5%	100.0%
⑲	労務費合計	円	—	PL				10,000,000
⑳	製品別労務費	円	—	⑱×⑲	5,633,803	3,521,127	845,070	10,000,000
㉑	1個当たり労務費	円	—	⑳÷⑯	939	1,174	4,225	—

原価（経費）の算出手順
※販売数量の比率で分配 ⇒ Zが時間を要するのは手作業のため。機械使用時間は同等と考えた時

		単位	材料	算出方法	製品			合計
					X	Y	Z	
㉒	年間販売数量	個	—	ヒアリング	6,000	3,000	200	9,200
㉓	生産比率	%	—	㉒X, Y, Z÷計	65.2%	32.6%	2.2%	100.0%
㉔	経費合計	円	—	PL	—	—	—	80,000,000
㉕	製品別経費	円	—	㉓×㉔	52,173,913	26,086,957	1,739,130	80,000,000
㉖	1個当たり経費	円	—	㉕÷㉒	8,696	8,696	8,696	—

製品別原価（合計），原価率

		単位	材料	算出方法	製品			合計
					X	Y	Z	
㉗	原価	円	—	⑭+㉑+㉖	10,961	11,085	14,910	—
㉘	定価	円	—	ヒアリング	20,000	23,000	25,000	—
㉙	原価率	円	—	㉗÷㉘	54.8%	48.2%	59.6%	—

ケース・スタディ

事例⑪　コンクリート製品製造

創　業	1970年代	社員数	5名
売上高	1億円	借入金	8,500万円
経営者	社長（40代男性）		

　マンホール等のコンクリート製品の製造会社の事例です。
　事業所は，本社兼工場1拠点であり，事務所は砂だらけで清掃されておらず，衛生面に非常に問題がありました。社長はほぼ毎日休まず，朝から晩まで働いているのですが，全然儲からない，ということでした。社長は非常に気さくな方で，「先生，どうしたらいいっすかねぇ！」と大きな声で，笑顔で語りかけてきました。当業界は同業者の撤退が進み，当社の地域ではほとんど競合が残っていないため，顧客は固定化していました。当社のオンリーワン商品もあります。品質問題もほとんどなく，納期は確実に守り，顧客の要望にもきっちりと応えてきていたため，顧客との関係性は非常に良好とのことでした。ただし，原価計算をしていないため，数百種類もある各商品の儲けが把握できません。
　商品別に原価を算出すると，粗利ベースで多くの商品がマイナス，あるいは極めて低利率であることが判明しました。つまり，値付けが安すぎたのです。そこで価格表を作成し，「高単価」「中単価」「低単価」の3つの単価を設定し，単価をいきなり上げても顧客は逃げることはない，とのことなので，まずは高単価を提示して一気に価格を上げ，適正な利益を獲得することを提案しました。これだけで大幅な収益改善が見込めます。

第12章

業種別内部環境分析

- 12-1　旅館❶　内部環境分析の全体構成
- 12-2　旅館❷　マーケティング指標分析
- 12-3　旅館❸　顧客分析①
- 12-4　旅館❹　顧客分析②
- 12-5　旅館❺　ネットAG評点分析
- 12-6　旅館❻　ネットAG口コミ分析
- 12-7　旅館❼　顧客獲得のサイクル
- 12-8　小売❶　内部環境の基本情報
- 12-9　小売❷　店舗の機能
- 12-10　小売❸　マーケティングミックス
- 12-11　小売❹　店舗運営と店長の権限
- 12-12　小売❺　店員1人当たり売上高
- 12-13　小売❻　競合他社分析
- 12-12　卸売　　卸売の機能と競合他社分析

12-1

旅館❶
内部環境分析の全体構成

　本章では，旅館業，小売業，卸売業の内部環境分析について説明していきます。

●**旅館の内部環境分析の全体構成**

　旅館は，事業再生ではよく取り上げられる業種です。旅館という業種は少し特殊な印象を受けるかもしれませんが，サービス業であり，右図のような内容で内部環境分析を行っていきます。

　まずは「経営，組織，人事」ですが，前述した「経営，組織，人事」とほぼ同様の項目で分析することで問題ありません。

　「マーケティング」では，前述した「営業活動の現状」の内容とほぼ変わりません。旅館での「商品」とは，実際は施設やサービス全体を指しますが，ここでは構成上「料理」と「温泉」と考えてください。また，「立地」が重要な要素になります。対象の旅館が有名温泉街であれば，全国から人が集まってくるため，集客に困ることはないでしょう。しかし，名もない温泉街であれば，温泉街としての集客力がないため，旅館が個別に販促を行って知名度を上げ，遠方客を集めなければなりません。しかしそれには限界があるため，いかに近隣客のリピートを獲得するかが重要になります。その場合，地元の顧客に満足してもらい，リピートしてもらう仕掛けがポイントになります。例えば，地元の食材ではなく，地元の客が喜ぶ別の地域の食材の選択，昼食や夕食のみ（日帰り）のメニューの充実，温泉のみの顧客の取り込み，等が考えられます。

　次に「オペレーション」ですが，「接客サービス」が特に重要になります。また，「清掃」で清潔さを保つのは必須事項です。

続いて「施設・設備」です。外装と内装については，再生段階の旅館の多くの場合は，見た目がかなり古くなっていますが，大規模な修繕は困難です。競合他社は，豪華な施設で非日常を演出しているため，施設で競争しても勝ち目はありません。したがって，施設や設備で勝負をせず，あまりコストのかからない料理・接客等で付加価値を付け，独自性を見出していく必要があります。

旅館の内部環境分析の全体構成

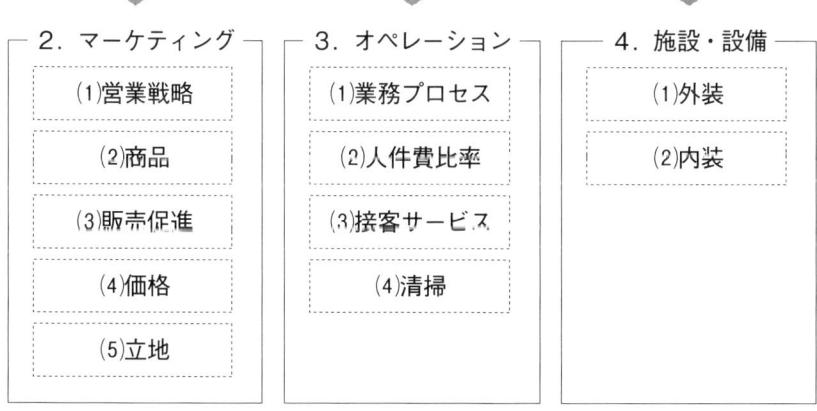

1．経営，組織，人事
- (1)経営理念
- (2)経営戦略，経営体制
- (3)経営管理
- (4)組織体制
- (5)人事・労務

2．マーケティング
- (1)営業戦略
- (2)商品
- (3)販売促進
- (4)価格
- (5)立地

3．オペレーション
- (1)業務プロセス
- (2)人件費比率
- (3)接客サービス
- (4)清掃

4．施設・設備
- (1)外装
- (2)内装

12-2

旅館❷
マーケティング指標分析

　旅館の業績を数値で評価する場合，右図のような，ホテル・旅館独自の指標があります。定員稼働率，客室稼働率，客室単価，Rev.PARの4指標です。これらの指標について，過去3～5年の変化を月別に確認します。

●マーケティング指標分析の内容

　「定員稼働率（％）」は，「宿泊人数÷総定員数」で算出され，その旅館が顧客を宿泊できる総定員数に対する，実際に宿泊した人数の割合を表します。旅館の定員稼働率は平均で30～40％といわれていますが，再生旅館では30％を切るケースも多く，顧客を増やすことが課題といえます。

　「客室稼働率（OCC）（％））」は，「利用客室÷総客室数」で算出され，その旅館の総客室数に対する，実際に宿泊客が利用した客室数の割合を表します。旅館の客室稼働率の年平均は50％程度といわれていますが，再生旅館では20～30％台も多く，顧客を増やして部屋の稼働率を向上させることが大きな課題といえます。

　「客室単価（ADR）（円）」は，「宿泊売上÷利用客室数」で算出され，1部屋当たりの売上高を表します。これは，前年度以前との推移を比較して分析します。単価が下がっているということは，安売りしていることになり，利益を圧迫する要因となります。

　「Rev.PAR（円）」は「販売可能客室1室当たり売上高」と訳され，「OCC×ADR」で算出されます。これは，イールドマネジメントの普及で広まった考え方です。イールドマネジメントとは，単位当たりの収益を最大化する経営技術のことであり，稼働率と単価，双方を考慮して販売戦略を検討しなければならない，という考えがベースにあります。例えば，も

し単価を下げたら，その分稼働率を上げなければ，Rev.PARは減少してしまいます。稼働率が上がっても，単価を下げた結果であって，Rev.PARが減少していたら，再検討が必要になります。Rev.PARが下がらないように，販売戦略と価格戦略の双方を検討していくことが重要になります。

マーケティング指標分析(例)

定員稼働率 ※定員稼働率＝宿泊人数÷総定員数 （単位：%）

	5月	6月	7月	8月	9月	10月	11月	12月	1月	2月	3月	4月	計
H23年度	36.6%	23.4%	27.3%	26.0%	21.6%	35.2%	36.7%	27.3%	33.2%	33.1%	26.8%	30.5%	29.8%
H24年度	33.8%	19.6%	22.0%	25.3%	22.0%	26.7%	29.1%	24.7%	27.8%	26.1%	26.2%	31.3%	26.3%
H25年度	30.1%	16.8%	16.9%	25.5%	23.8%	29.4%	37.1%	25.3%	38.9%	27.4%	32.5%	29.6%	27.9%
H26年度	28.9%	19.6%	29.4%	35.2%	29.3%	27.2%	31.6%	23.5%	26.0%	22.9%	34.9%	31.3%	28.4%
H26/H23	79.0%	83.8%	107.7%	135.4%	135.6%	77.3%	86.1%	86.1%	78.3%	69.2%	130.2%	102.6%	95.3%

客室稼働率 (OCC) ※客室稼働率 (OCC)＝利用客室数÷総客室数 （単位：%）

	5月	6月	7月	8月	9月	10月	11月	12月	1月	2月	3月	4月	計
H23年度	44.6%	28.8%	32.1%	30.5%	25.3%	43.3%	43.9%	32.1%	37.6%	40.3%	29.5%	36.8%	35.3%
H24年度	39.9%	24.2%	27.0%	28.7%	25.3%	32.7%	37.0%	29.1%	33.5%	31.3%	30.8%	37.9%	31.4%
H25年度	36.8%	20.9%	20.2%	31.3%	29.4%	36.3%	46.5%	31.9%	38.5%	33.2%	39.7%	36.3%	33.4%
H26年度	36.0%	24.8%	35.4%	42.5%	38.3%	34.8%	39.7%	29.9%	31.6%	31.8%	48.3%	43.3%	36.4%
H26/H23	80.7%	86.1%	110.3%	139.3%	151.4%	80.4%	90.4%	93.1%	84.0%	78.9%	163.7%	117.7%	103.1%

客室単価 (ADR) ※客室単価 (ADR)＝宿泊売上÷利用客室数 （単位：円）

	5月	6月	7月	8月	9月	10月	11月	12月	1月	2月	3月	4月	計
H23年度	21,773	18,145	19,358	21,358	19,983	18,360	18,977	21,003	24,200	19,921	20,912	21,521	20,398
H24年度	22,083	18,723	20,103	21,632	20,634	19,432	18,102	21,003	22,002	18,792	19,450	19,312	20,121
H25年度	20,721	19,352	18,821	20,211	18,355	18,213	17,532	20,133	26,324	19,523	21,021	21,352	20,352
H26年度	23,821	20,982	22,420	21,211	18,750	20,634	20,931	22,793	23,632	19,638	18,011	20,732	20,832
H26/H23	109.4%	115.6%	115.8%	99.3%	93.8%	112.4%	110.3%	108.5%	97.7%	98.6%	86.1%	96.3%	102.1%

Rev.PAR ※Rev.PAR＝OCC×ADR （単位：円）

	5月	6月	7月	8月	9月	10月	11月	12月	1月	2月	3月	4月	計
H23年度	9,711	5,226	6,214	6,514	5,056	7,950	8,331	6,742	9,099	8,028	6,169	7,920	7,200
H24年度	8,811	4,531	5,428	6,208	5,220	6,354	6,698	6,112	7,371	5,882	5,991	7,319	6,318
H25年度	7,625	4,045	3,802	6,326	5,396	6,611	8,152	6,422	10,135	6,482	8,345	7,751	6,798
H26年度	8,576	5,204	7,937	9,015	7,181	7,181	8,310	6,815	7,468	6,245	8,699	8,977	7,583
H26/H23	88.3%	99.6%	127.7%	138.4%	142.0%	90.3%	99.7%	101.1%	82.1%	77.8%	141.0%	113.3%	105.3%

12-3

旅館❸
顧客分析①

　旅館の売上を分析する場合，チャネル別で売上・客数を分解するのが望ましいといえます。なぜなら，実施した販売施策に沿った売上と人数の結果が確認できるからです。したがって，事業計画書の作成においても，売上高と客数の予測は，販売戦略をそのまま計画に落とし込めるため，このチャネル別で行うのが有効です。

●チャネル別分析の内容

　チャネルは，まずは大きく「リピータ」と「新規顧客」に分けます。リピータについては，どのチャネルから予約がきても「リピータ」としてカウントします。そして新規顧客のチャネルの区分については，「直接（電話等で予約）」，「AG（エージェント）」，「各ネットAG（じゃらん，楽天等）」，「自社ホームページ」，「DM」，「新聞広告」などで分類します。その旅館で実施する販促の結果をそのまま数値として捉えることが重要です。

　調査では，右図のように年度別で整理します。各チャネルで，増加しているチャネル，減少しているチャネルを確認し，それらの要因と，今後の施策の検討を行います。データは，宿泊売上高と宿泊人数の双方を入手すると，自動的に単価（宿泊売上高÷宿泊人数）が算出できますので，単価の推移も確認できます。業績が悪化している時は，売上を増やすために単価を下げる方法を採ってしまいますが，これでは利益を圧迫し，キャッシュフローの悪化につながります。単価の推移もしっかり確認することが必要です。

　なお，予実管理では，各データは月別に予算を策定し，月別に実績とのすり合わせを行います。また，予算だけでなく，前年同月でも比較を行うようにすると，今年度の実績の状況がより明確に把握できます。

チャネル別分析（例）

(単位：人，円)

			H24.3期 ①	H25.3期	H26.3期 ②	構成比	②−①
人数		リピータ	2,602	2,485	2,278	58.6%	−324
	新規	直接（電話等）	752	740	711	18.3%	−41
		ネットAG じゃらん	362	385	423	10.9%	61
		ネットAG 楽天	142	153	172	4.4%	30
		AG	152	133	102	2.6%	−50
		自社ホームページ	23	31	52	1.3%	29
		DM	83	53	67	1.7%	−16
		雑誌・新聞広告	140	102	85	2.2%	−55
		合計	1,654	1,597	1,612	41.4%	−42
	合計		4,256	4,082	3,890	100.0%	−366
売上		リピータ	22,697,246	21,457,975	19,640,916	57.0%	−3,056,330
	新規	直接（電話等）	7,696,720	7,684,900	7,272,819	21.1%	−423,901
		ネットAG じゃらん	3,085,326	3,296,370	3,689,829	10.7%	604,503
		ネットAG 楽天	1,169,370	1,275,255	1,412,636	4.1%	243,266
		AG	1,189,096	1,050,035	778,260	2.3%	−410,836
		自社ホームページ	214,360	283,185	489,996	1.4%	275,636
		DM	674,956	444,140	526,218	1.5%	−148,738
		雑誌・新聞広告	1,151,220	797,946	673,455	2.0%	−477,765
		合計	15,181,048	14,831,831	14,843,213	43.0%	−337,835
	合計		37,878,294	36,289,806	34,484,129	100.0%	−3,394,165
単価		リピータ	8,723	8,635	8,622	—	−101
	新規	直接（電話等）	10,235	10,385	10,229	—	−6
		ネットAG じゃらん	8,523	8,562	8,723	—	200
		ネットAG 楽天	8,235	8,335	8,213	—	−22
		AG	7,823	7,895	7,630	—	−193
		自社ホームページ	9,320	9,135	9,423	—	103
		DM	8,132	8,380	7,854	—	−278
		雑誌・新聞広告	8,223	7,823	7,923	—	−300
		合計	9,178	9,287	9,208	—	30
	合計		8,900	8,890	8,865	—	−35

12-4

旅館④
顧客分析②

　顧客分析は，チャネル分析のほか，顧客の居住地別分析と，属性（年令，性別等）別分析の2種類の分析を行います。これらのデータは，宿帳で確認ができます。

●居住地別分析

　顧客の居住地別分析は，顧客の都道府県別の分析と，同じ都道府県内であれば，市区町村別に分析を行います。これにより，この旅館の客はどこから来ているのかがわかり，今後の販売促進で地域の絞り込みができます。傾向としては，有名温泉街の旅館の場合，都心からの客が多くを占めますが，知名度の低い温泉街にある旅館の場合は，同じ都道府県内が大半を占め，さらに，近隣かつ交通の便の良い市区町村に住んでいる顧客が多い傾向があります。

●属性分析

　続いて顧客の属性分析を行います。これにより，その旅館のターゲット顧客が明確になり，その旅館が実施している施策や料理などが，そのターゲットに適合しているかどうかの確認ができます。また，今後の施策を検討するに当たり，ターゲットに合わせた施策を打ち出すことができます。

●宿泊客と日帰り客を分ける

　宿泊客と日帰り客は，分けて分析してください。なぜなら，宿泊客と日帰り客は，居住地も属性も大きく異なる場合が多いからです。これらを混ぜてしまうと，正確な情報が読み取れなくなってしまいます。傾向としては，日帰り客は近隣の客が多くなりますが，年配者が多いのであれば，日帰り客には年配者向けのサービスを向上させることが，今後の方向性になります。

第12章 業種別内部環境分析 197

居住地別（例）

（単位：人，％）

			H26.3期		
			顧客数	構成比	累計
1	中部	長野県	2,820	72.5%	72.5%
2	関東	東京都	226	5.8%	78.3%
3	関東	埼玉県	148	3.8%	82.1%
4	中部	新潟県	124	3.2%	85.3%
5	関東	神奈川	101	2.6%	87.9%
6	関東	千葉県	93	2.4%	90.3%
7	関東	群馬県	82	2.1%	92.4%
8	中部	山梨県	70	1.8%	94.2%
9	中部	岐阜県	51	1.3%	95.5%
10	中部	愛知県	31	0.8%	96.3%
		その他	144	3.7%	100.0%
		合計	3,890	100.0%	

都道府県別顧客分析

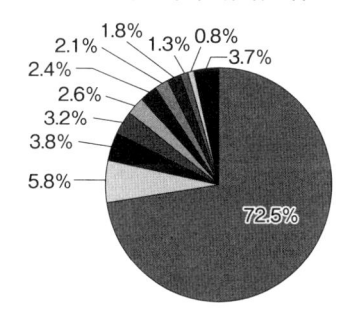

属性別分析（例）

		人数（人）	構成比（%）
性別	男	325	24.8%
	女	983	75.2%
	合計	1,308	100.0%
年代	20代以下	56	4.1%
	30代	132	9.6%
	40代	325	23.6%
	50代	458	33.3%
	60代	252	18.3%
	70代以上	152	11.1%
	合計	1,375	100.0%
同行者	家族・親戚	632	46.8%
	友人	483	35.8%
	1人	152	11.3%
	その他	83	6.1%
	合計	1,350	100.0%

年代別顧客分析

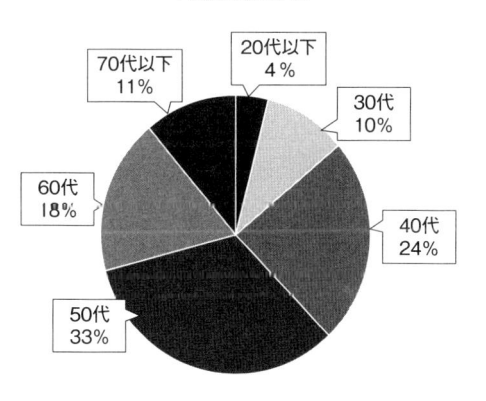

12-5

旅館❺
ネットAG評点分析

　旅館にとって，顧客の評価は非常に重要な指標です。近年顧客は，最終的な判断は，ネットAG（エージェント）での評価やホームページの内容を見て決定します。したがって，調査でもネットAGの評価を利用します。

●評点と価格のマトリックス図で比較する

　多くの旅館で，じゃらんや楽天など，ネットAGに登録して，ネットAGから集客を行っています。遠方から顧客を獲得するには，ネットAG経由への登録が有効です。ネットAGの中でも多くの顧客が利用しているのが「じゃらん」です。じゃらん経由で予約した顧客は，宿泊後，じゃらんに「評点」を付けられる制度があります。この評点は，「総合」「部屋」「風呂」「食事（朝食）」「食事（夕食）」「接客・サービス」「清潔感」の7項目について，1～5点（5が最高，普通が3）までの評点を付けるものです。これを利用して，右図のように，縦軸を評点合計，横軸を1人当たりの宿泊価格にして，同旅館と同じ温泉街の，他の旅館を入れてマップを作成すると，その温泉街の中でのその旅館の位置付けがよくわかります。

　例えば右の図で，L旅館が調査対象の旅館とします。L旅館は，評点が3.4～3.8点，料金が6,000円～12,000円という低料金グループに入っており，この価格帯の中では標準的な評点となっています。一方で，料金が12,000円～18,000円の，やや高級旅館の集合体の評点は，4.0～4.3点であり，高料金がそのまま高い評点につながっていることがわかります。しかし，表の上部に「B旅館」があり，ここは，料金が1万円程度にもかかわらず，評点は4.5点であり，安価な設定にもかかわらず，高い評価を受けています。料金は，基本的に「施設の豪華さ」に比例することが多く，B社は，施設については，

L旅館とあまり変わらないと想定できるため，競合他社の調査は，このB旅館を重点的に行い，B旅館のホームページやじゃらんの内容を調査し，評価が高い理由を探って比較すると，よりL旅館の問題点が明確になります。

じゃらんの評点分析（例）

評点，料金分布（じゃらん）
口コミ評点合計（点）

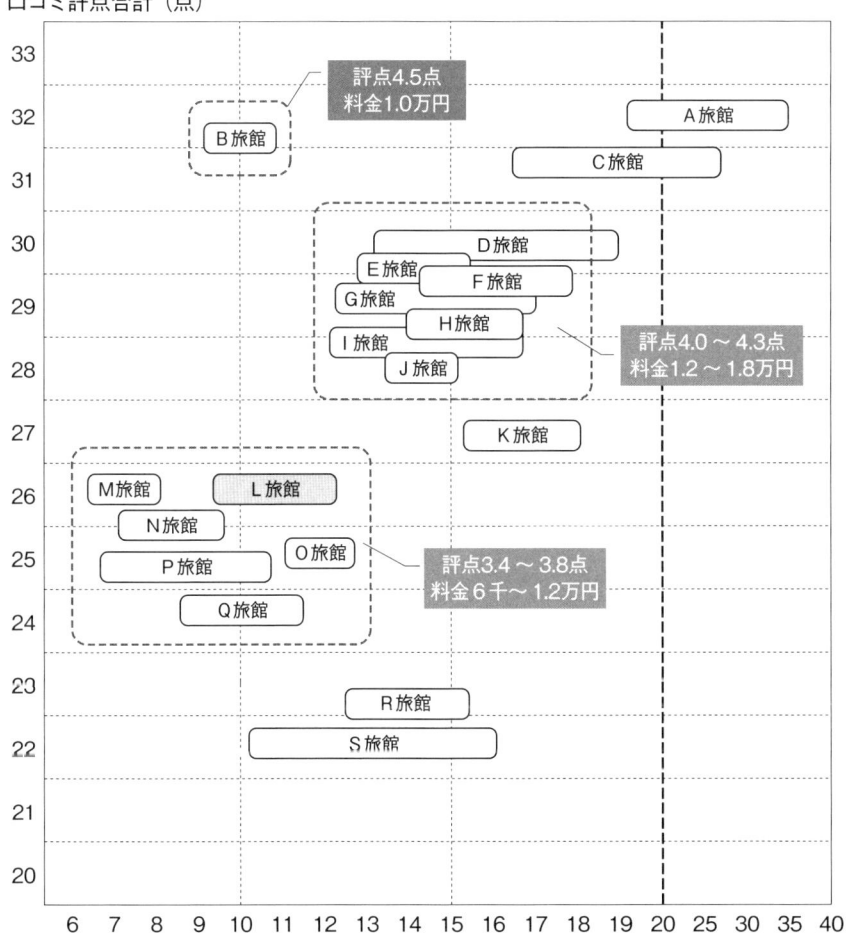

- B旅館：評点4.5点　料金1.0万円
- A旅館，C旅館
- D旅館，E旅館，F旅館，G旅館，H旅館，I旅館，J旅館：評点4.0～4.3点　料金1.2～1.8万円
- K旅館
- M旅館，L旅館，N旅館，O旅館，P旅館，Q旅館：評点3.4～3.8点　料金6千～1.2万円
- R旅館，S旅館

1泊／人（夕・朝飯付）宿泊料金（千円）

12-6

旅館❻
ネットAG口コミ分析

　前項に続いてじゃらんの分析です。先ほどは「評点」でしたが，こちらはじゃらんの「口コミ」の内容を整理し，分析します。

●口コミ内容を項目ごとに整理する

　口コミの整理の方法の一例として，右図の通り，「施設・部屋・設備」「眺め・環境」「料理」「風呂」「サービス」「総括」の項目に分類します。そして，「GOOD（良いコメント）」と「BAD（悪いコメント）」に分け，そのコメント数もカウントします。これにより，良いコメントと悪いコメントの合計の数で，全体的な顧客の評価がわかります。また，各項目についてのGOODとBADのコメント数で，どの項目で顧客に評価されているか，あるいは評価されていないのかが把握できます。そして，各コメントの内容で，具体的にどこが評価の良し悪しの対象となっていて，どこが問題点なのか，強みなのかが把握できます。

　右図を見てみると，GOODのコメント総数が60に対し，BADのコメント総数が25であるため，この旅館は全体的に顧客に評価されていることがわかります。個別に見ていくと，「サービス」のGOODコメントが18と非常に多くなっています。サービスは，コストがかからず，その旅館の姿勢や取り組み方で，どの旅館でも評価を上げることが可能であり，逆にこの項目が良くなければ，その旅館の取組み姿勢に問題があるといえます。また，「施設・部屋・設備」について，施設が古い，絨毯が擦れているなどのコメントが多くあっても，修理や変更に多大な費用がかかる場合は対応できません。しかし，「コップが汚れている」など，コストがかからず即対応できるものが多くコメントされている場合は，やはり運営に問題があ

ると判断できます。その他，「料理」についても，工夫次第で評価を短期間で向上させることが可能であるため，そのコメントの内容について注意して確認することが重要となります。

じゃらんの口コミ分析（例）

	GOOD コメント数	GOOD 主なコメント	BAD コメント数	BAD 主なコメント
施設・部屋・設備	6	・広くて清潔感あり ・建物は高級ではないが，落ち着いた感じ	5	・ホームページで見たよりかなり古いイメージ ・コップに汚れあり
眺め・環境	4	・部屋からの眺めが良い ・風呂からの眺めが良い	3	・夜中に花火を上げる人がうるさい ・ベランダにムカデが出現
料理	15	・海の幸が豊富で新鮮 ・朝の鮭茶漬けが本格的でおいしい ・朝食もおかずが多くて大満足 ・部屋で夕食をとれるのが良い ・素材の持ち味を活かした調理，期待以上	8	・朝食の鮭茶漬けは白飯のほうが良い ・予約内容と異なる料理が出た ・朝食を団体客に占領された ・味付けが濃すぎる ・多すぎる
風呂	8	・清潔感があって良かった ・貸切でのんびり入れた ・つるつるして温度もちょうど良い ・清潔だった ・硫黄の匂いがほどよく温泉気分	5	・少し熱かった ・広かったが，硫黄の匂いがすごかった ・露天風呂・サウナがないのが残念 ・ティッシュが空箱だった
サービス	18	・スタッフの対応が良い ・チェックアウト後も風呂を使わせてもらえた ・仲居さんが親切で気持ち良い対応 ・急な夕食のみの人数追加に快く対応 ・予約の電話の対応が非常に良かった ・掃除の係の方も笑顔で挨拶してくれた	3	・仲居の愛想がない ・夜遅くに到着したら，不機嫌な対応
総括	9	・機会があったらお願いしようと思う ・すべてに良いと感じた旅館，また泊まりたい ・とても良かった！　また来たい ・値段の割には絶対お得だ	1	・リピーターになりたいと思えない
合計	60		25	

12-7

旅館❼
顧客獲得のサイクル

　本項目では，顧客獲得のサイクルについて説明します。これは，新規顧客とリピート顧客を獲得していくための販促シナリオで，今後の売上向上の施策の構築の際に考慮する内容です。なお，このシナリオを事前に設計することは，旅館だけでなく，どの業界でも必要です。

●**顧客獲得のシナリオを設計する**

　旅館の特徴の1つとして，顧客が近隣客と遠方客に大きく分かれることが挙げられます。したがって，顧客を増やしていくには，近隣客と遠方客の双方を区分して，各々異なった施策を検討しなければなりません。マーケティングの分析を行う時に，これらを考慮した施策が打たれているのかを確認します。例えば，近隣客のターゲット顧客が，年配の女性や夫婦であったとして，近隣へ新聞広告を出す時に，料理のボリューム感を出していたり，地元の食材を訴求していれば，的外れな施策であると判断できます。

　右図は，近隣客と遠方客の顧客獲得サイクルのメカニズムを示したものです。調査を行う際に，この図のイメージを念頭に置くことで，より深い分析が可能となります。また，今後の方向性の検討や，アクションプランの作成の際にも，この図は役に立ちます。つまり，近隣客と遠方客の双方の施策について，いきなり個別の具体策を提案するのではなく，まずはこの顧客獲得のサイクルを構築して，その上で，具体的にどのような施策を行っていくのかを検討していくわけです。

　右図を具体的に説明していきます。上部の近隣客向けの施策ですが，まずは広告やホームページ，ネットAGで新規顧客を獲得します。来館した

顧客に対し，接客・料理・温泉で感動を与え，お礼状でさらなる印象付けを行います。そして，季節のイベント等のDMなどでリピートにつなげる，というものです。下部の遠方客ですが，遠方客は，基本的にリピートにはなりません（遠方でリピータになる客はほんの一部です）。したがって，リピータを狙うのではなく，じゃらん等のネットAGで「良い評点」と「良い口コミ」をしてもらうことを狙います。そして，その評点と口コミを見た新たな顧客を呼び込む，というシナリオです。

顧客獲得のサイクル（例）

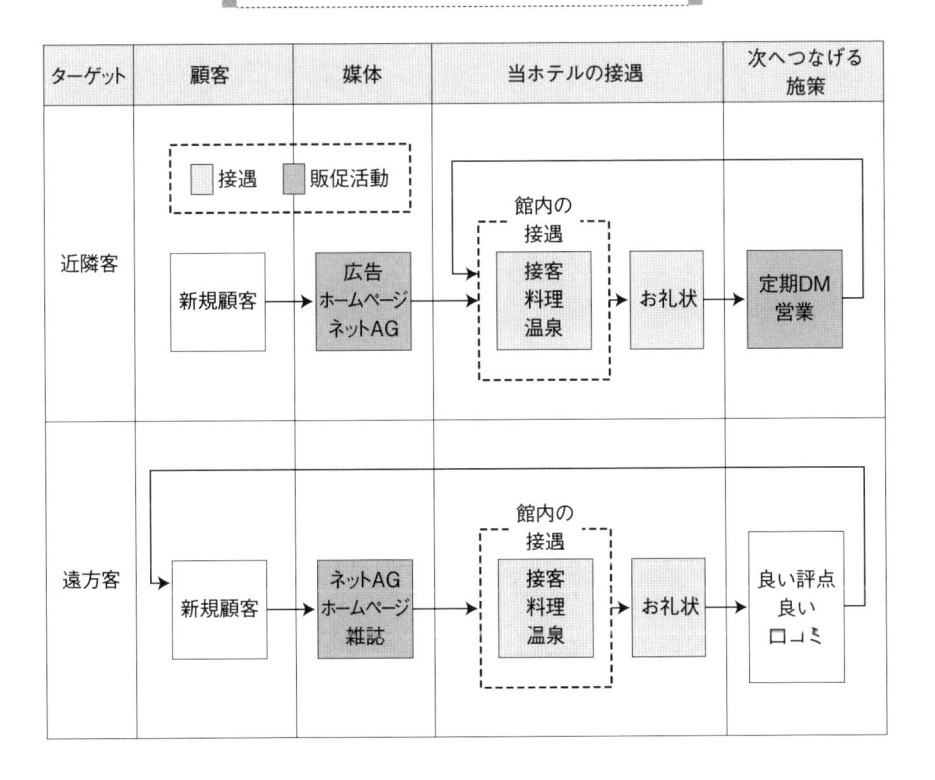

ターゲット	顧客	媒体	当ホテルの接遇	次へつなげる施策
近隣客	新規顧客	広告 ホームページ ネットAG	館内の接遇（接客 料理 温泉）→ お礼状	定期DM 営業
遠方客	新規顧客	ネットAG ホームページ 雑誌	館内の接遇（接客 料理 温泉）→ お礼状	良い評点 良い口コミ

凡例：□接遇　■販促活動

12-8

小売❶
内部環境の基本情報

本項からは小売業の内部環境分析について整理します。

●店舗の基本情報の内容

まずは，細かい内容ではなく，店舗の概要を理解する（報告書の読者に理解してもらう）ために，店舗に関する基本的な情報を整理します。

まずは店舗のコンセプトです。小売店は競争が激しいため，右図の内容のコンセプトが明確であることが，店舗運営で極めて重要です。コンセプトが不明確な店舗は，顧客がなぜこの店舗を選ぶかの理由が不明確になるため，リピータがつきにくくなります。

次に基本情報ですが，まずは「外観」と「内観」の写真を貼付して，店舗が具体的にイメージできるようにします。

「主要顧客」は，文字通り，主要な顧客は誰なのかを記載します。性別・年齢層など，可能なレベルで詳細に示します。また，地元住民であるケースが多いですが，立地によっては観光客，通勤客などがあります。

「取扱商品」は，各店舗の主要な取扱商品を明記し，本店と他の店舗の違いや，主要顧客に適合しているかの確認をします。

「店舗面積」では，店舗の広さ，規模をイメージします。

「顧客管理」は，来店客の顧客情報を管理しているか，どのような手法で属性を入手しているかを記載します。

「収益管理」は，どのレベルで収益管理を実施しているかを記載します。具体的には，単品管理を行っているのか，時間帯・週・月別に集計可能か，その他天気や気温，イベント有無などで確認できるのか，等です。

顧客情報と収益情報は，その活用方法も確認することが重要です。

基本情報（例：和菓子小売）

(1) コンセプト

ターゲット	・50歳代の女性
商品	・甘すぎず，可愛らしいオリジナルデザイン。やや大き目。1品ごとにコンセプトあり ・手頃な価格で，カロリーも控えめ。毎日1個，おやつ用 ・毎月新商品が発売され，飽きがこない
店舗イメージ	・高齢者でも気軽に入れる店構え ・客と店員が顔見知りで，フレンドリーな接客，店員の商品知識豊富
買いやすさ	・各商品1個から購入可能，いろいろな商品の詰め合わせ可能。ギフト向けも充実

(2) 基本情報

	当社本店	当社A店
外観	本店の外観の写真	A店の外観の写真
内観	本店の店舗内の写真	A店の店舗内の写真
住所	東京都狛江市狛江町2-2-2	東京都西東京市西東京町1-1-1
アクセス	小田急線狛江駅より徒歩20分	西武池袋線保谷駅より徒歩5分
営業時間	9：00～19：00（休日：12/31～1/3）	10：00～19：00（休日：12/31～1/3）
販売員数	9：00～11：00，18：00～19：00：3名 11：00～18：00：4名	終日2名
主要顧客	地元住人	地元住人，観光客
取扱商品	当社の製品はほぼ全品取り揃え 主に一品ものを販売	定番商品，一部他社の菓子類も販売 主に土産品を販売
店舗面積	30坪	20坪
顧客管理	・会員制度導入で，会員の属性を保有	・ポイントカード未導入（主要顧客が観光客のため）
収益管理	・商品別の売上・数量を管理 ・日，曜日，週，月で検索・集計可能 ・天候，気温，周辺イベント有無も表示可能	・商品別の売上・数量は管理していない（土産用のセット品が中心のため）
その他	・店舗間のローテーションなし ・本部からの接客，POP，ディスプレイ等の指導はなく，各店舗に任されている	

12-9

小売❷
店舗の機能

　店舗というのは，ただ「売る」だけではなく，さまざまな機能があります。その中で，代表的な5つの機能について分析を行います。

●店舗の機能
　店舗の5つの機能について，以下に説明を行います。なお，ここで紹介するのは，事業DDで活用しやすいように，一般的な店舗の機能から多少変更しております。

店舗の機能	機能の説明	事例
訴求機能	・目立たせる機能 ・店舗の外部からのわかりやすさ	外装，看板，店舗デザイン，店構え等
誘導機能	・店内へ顧客を誘導する機能 ・店内への入りやすさ	店頭演出，広い出入り口，店内の明るさ
演出機能	・商品を魅力的に演出する機能 ・視覚的，聴覚的に演出	店舗や空間のデザイン，商品演出ディスプレイ，色彩，照明，BGM
選択・購入促進機能	・商品の違いや良さを理解させ，選択・購入促進させる機能 ・見やすさ，触れやすさ，わかりやすさ，選びやすさ，買いやすさ	試食・試着・試し読み・お試し使用，陳列，POP，接客，従業員の説明
再来店機能	・来店客の再来店を促す機能 ・顧客を再来店に導くしくみの有無	ポイントカード，顧客登録，フロントエンド商品

　これらの機能についてどの程度実施されているか調査します。
　商品によっては，上記5つの中で，あまり重要でない機能もあります。例えば，特殊な商品を扱っているような場合，訴求機能や誘導機能はさほど重要ではありません。なぜなら，これらの機能は基本的に，通行人など「流動客（たまたま訪れた客）」を店舗に呼び込む機能であり，特殊な商品

を購入する顧客は「目的客（すでに購入を決めている客）」であるため，これらの機能の必要性が低いからです。なお，店舗が２階より上の階にあると，これらの機能性は大きく失われます。そのため，飲食店など一般消費者相手の商売であれば，１階に店舗を構えるほうが有利となります。

店舗の機能（例：生肉小売）

(3) 店舗の機能

店舗の機能	機能の説明	強み／問題点
訴求機能	・目立たせる機能 ・店舗の外部からのわかりやすさ	【問題点】 ・マンションの１階で，看板がなく，外から中が見えにくいため，一見肉屋とはわからない
誘導機能	・店内へ顧客を誘導する機能 ・店内への入りやすさ	【問題点】 ・入口が狭く，入りづらい ・入口の特売ののぼりが，高額の肉屋販売には適していない
演出機能	・商品を魅力的に演出する機能 ・視覚的，聴覚的に演出	【強み】 ・調理場が見え，本格肉屋のイメージを演出している
選択・購入促進機能	・商品の違いや良さを理解させ，選択・購入促進させる機能 ・見やすさ，触れやすさ，わかりやすさ，選びやすさ，買いやすさ	【強み】 ・「黒毛和牛」「Ａ４以上の牝牛」のPOPで高級肉をアピール 【問題点】 ・品質劣化を恐れて昼から陳列を限定，商品数が少ない印象を受ける ・肉の加工をしながらの接客のため，無愛想な対応の場合あり
再来店機能	・来店客の再来店を促す機能 ・顧客を再来店に導くしくみの有無	【強み】 ・ポイントカード制度導入で，会員の属性を保有 【問題点】 ・取扱は高級生肉のみで，弁当や惣菜など，客の来店頻度を向上させるフロントエンド商品がない

12-10

小売❸
マーケティングミックス

　マーケティングミックスの4Pである商品・サービス（Product），販売促進（Promotion），販路・流通（Place），価格（Price）について整理します。4Pは「10-6　差別化の整理」でも取り上げましたが，製造小売業など，自社製品を，自社の小売店と営業の双方で販売する場合は，重複するところもありますが，各々を4Pで整理してください。

●マーケティングミックス
　店舗のマーケティングミックスの内容は以下の通りです。

商品戦略	・品揃えの幅と深さ ・商品の品質（鮮度，ブランド，素材，製法） ・定番商品，重点商品 ・デザイン，パッケージ
価格戦略	・全体の価格政策 ・価格帯別の商品量 ・同一商品の価格比較
販路戦略	・立地（人・車の流れ，アクセスしやすさ） ・販路（仕入れ～販売） ・情報流通ルート
販促戦略	・訴求ポイント（価格・生活提案　等） ・（店舗外）チラシ，看板，広告，SNS ・（店舗内）POP，ポイントカード ・接客，顧客との関係性 ・ブランディング

　前項の「店舗の機能」と重複するところもありますが，多少重複しても問題ありません。重複回避より見やすさを優先するほうが重要です。

なお,「12-8」で「コンセプト」について確認しましたが,この4Pについては,そのコンセプトと一貫性を保たなければなりません。4Pがコンセプトから外れていては,自社の強み,ブランドが顧客に浸透しにくくなります。このあたりの視点でも確認します。

マーケティングミックス（例：生肉小売）

商品戦略	・牛はＡ４の牝限定 ・ブランド牛ではなく「安くて美味しい肉」を選別 ・牛肉で「安くて高品質」のイメージを顧客に植え付けることで,低価格の輸入牛を中心に取り扱う他店と差別化を図る ・豚肉,鶏肉についても,良質なものを選択 ・高級肉を使用した弁当と惣菜を用意し,コンビニやスーパーの弁当との差別化を図る ・四半期に１回,新商品の弁当を開発する
価格戦略	・ブランド肉ではなく,当店で良質な肉を選別することで,低価格（普段食することができる妥当な料金）を実現 ・小売の利率は高く設定（数が少ないため率の向上を図る） ・卸売の利率は低く設定（数が多いため数の向上を図る）
販路戦略	・立地は,駅から徒歩10分の住宅街 ・競合他社は駅前に集結している ・したがって,当社の顧客は,近隣に住む専業主婦 ・小売のほか,卸売も行う。２日に１回配送を行う
販促戦略	・SNSで情報を日々発信する ・四半期に１回,ニュースレターをポスティングし,新商品の弁当の告知を行う ・弁当と惣菜で,顧客の来店頻度を高め,当店の肉を食する頻度を高める。それにより,日々おいしい肉を食べる習慣をつけさせて,高級な肉を日々食する習慣をつけさせる ・牛肉で「安くて高品質」のイメージを顧客に植え付けて,商圏内でブランドを構築する ・ホームページで「ブランド牛ではない高級肉を安価で販売する」ということを大々的にアピールし,小売店や料理店からの問い合わせを待つ

12-11

小売 ④
店舗運営と店長の権限

　本項では，店舗運営の状況と店長の権限について確認します。
●**店舗運営の内容**
　店舗運営の状況については，右図の通り，「収益管理」「在庫・シフト管理」「店舗外状態」「店舗内状態」「従業員の姿勢」「全体の状況」についての詳細を確認します。
　まずは「収益管理」ですが，小売店は，顧客は一般消費者で現金取引であり，毎日多くの取引が発生するため，収益管理は毎日実施します。そして週単位で，曜日ごとに比較をし，売上の状況を把握していきます。なお，小売業は，天候や気温等によって売上が大きく変動するため，売上と合わせて管理することが望まれます。
　続いて「店舗内外の状態」ですが，これらへの気配り具合で，その店舗の顧客に対する姿勢がわかります。全体的に雑で，清潔感がなく，買い物しにくい店舗は，自然と顧客が他店へ流れていきます。「従業員の姿勢」も，その店舗の雰囲気を表しているので，しっかりと確認する必要があります。また，これらの状況が，店舗のコンセプトに合致しているかどうかも確認します。
●**店長の権限の内容**
　店長は，任された店舗の売上を上げ，必要な利益を獲得する役割があります。つまり店長は，その店舗の主（あるじ）として，店舗経営を任されているわけです。その役割を果たすためには，適正な権限を与えられている必要があります。
　右図の項目について，店長に権限が与えられているかどうか，その範囲はどの程度かを確認します。店長の権限が限定的であれば，店長は日々の

業務をこなす一スタッフとなり，収益向上や問題改善への取組みが疎かになるおそれがあります。逆に，十分なスキルや経験が身についていない状況で店長になり，店舗を統括できず，問題を起こす場合もあるため，育成体制が構築されているか，ローテーションで多くの業務を経験させているか等も確認が必要です。

店舗運営に関する確認事項

項目	
収益管理	商品別の売上を把握しているか
	時間帯別の売上を日々把握しているか
	毎日の売上を日々把握しているか
	週単位で振り返り，曜日単位で収益確認しているか
	天候・気温，イベントも合わせて管理しているか
シフト管理 在庫・ロス管理	パートのシフト・スケジュール管理は実施しているか
	在庫管理は実施しているか
	ロス管理は実施しているか
店舗外の状態	店舗の外回りに商品を置いていないか
	店舗周りや駐車場に吸殻やゴミが落ちていないか
	入口の看板やポスターは古くないか
店舗内の状態	店舗内・トイレはキレイに保たれているか
	生鮮品の鮮度は良いか，鮮度は保たれているか
	各々の棚のコーナー表示はあるか
	POP類は豊富にあるか，大きさは正しいか
	店舗内の回遊性は高いか，一周しやすいか
	主力商品は一等地に並んでいるか
従業員の姿勢	従業員の挨拶は笑顔で，相手の顔を見てしているか
	従業員の服装や髪型は清潔感があるか
	従業員による商品の説明は的確か
	顧客から呼ばれた従業員は足早で向かっているか
全体の状況	店舗内外の状態，従業員の服装や姿勢，品揃え，パッケージなど，当社のコンセプトに合致しているか

店長の権限の有無とその範囲

- 部下に命令する権限
- パートを採用する権限
- 従業員，パートを評価する権限
- パートを解雇する権限
- 予算内で物品を購入する権限
- 仕入れ品や品揃えを決定する権限
- 店舗のレイアウト，POP等を実施する権限

12-12

小売❺
店員1人当たり売上高

　売上が伸びずに収益が悪化している場合は，前述の通り，まずは無駄を排除し，経費削減に取り組まなければなりません。その中で最も効果が大きく即座に対応できるのが，やはり人件費の削減です。小売店の場合，店舗の店員はパートであるケースが多いため，パートの労働時間の削減で人件費を削減することが可能です。そのため，非効率な状況がないかの確認をする1つの方法として，時間帯別に店員1人当たりの売上高を確認します。

●店員1人当たり売上高を時間帯別に見る

　右下の表の通り，1時間ごとに，売上高と店員人数，店員1人当たりの売上高を整理します。平日と休日に分けていますが，これは，平日と休日の売上が大きく異なるためです。もし，休日以外の特定の曜日の売上だけが他の曜日と異なるのであれば，その曜日もピックアップして整理する必要があります。時間当たりの売上高は，レジデータでわかります。

　右上のグラフは，平日と休日の，店員1人当たり売上高を表示したものです。下の表を見ると，この店舗の場合，平日と休日で，どの時間帯も店員数は同じですが，売上高は平日のほうが少ないため，どの時間帯でも1人当たり売上高が小さくなっています。したがって，平日の店員人数は，すべての時間帯で多すぎると判断でき，人数の削減を検討できます。理想では，平日・休日の，すべての時間帯で1人当たり売上高がイコールになることですが，これは極端な例で，開店準備や閉店準備など，売上の時間帯以外の特定の業務もあるため，総合的には，数値以外も含めた，店員の業務内容とその負荷に応じた評価をしなければなりません。

店員1人当たり売上高（時間帯別）（例）

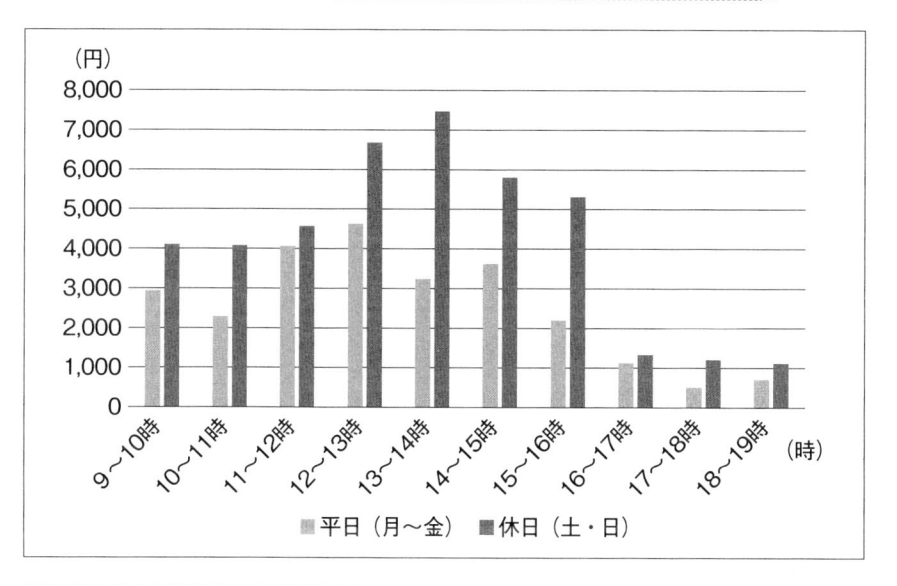

時間帯	平日（月～金）			休日（土・日）		
	売上（円）	店員人数（人）	1人当たり売上高（円）	売上（円）	店員人数（人）	1人当たり売上高（円）
9～10時	8,840	3	2,947	12,352	3	4,117
10～11時	9,204	4	2,301	16,384	4	4,096
11～12時	16,334	4	4,084	18,334	4	4,584
12～13時	18,583	4	4,646	26,834	4	6,709
13～14時	13,024	4	3,256	30,004	4	7,501
14～15時	14,573	4	3,643	23,325	4	5,831
15～16時	8,854	4	2,214	21,332	4	5,333
16～17時	4,502	4	1,126	5,334	4	1,334
17～18時	2,033	4	508	4,832	4	1,208
18～19時	2,114	3	705	3,352	3	1,117

12-13

小売 ❻
競合他社分析

　店舗の競合他社の分析を行う場合，主な競合は近隣の店舗になります。競合は，直接競合と間接競合がありますが，基本は直接競合のみで比較します。なぜなら，競合の範囲をあまり広げ過ぎてしまうと，自社の強みと問題点の焦点が曖昧になってしまい，これらを抽出しにくくなるからです。基本的に，同じ商材を販売する近隣の小売に絞って分析を行い，強みと問題点を抽出します。

●競合他社分析

　まずは「周辺地図」で，自店舗と近隣店舗の立地を明確化します。駅に近い店舗であれば，その駅を利用するすべての顧客を取り込むことが可能です（ただし駅を挟んで反対側は，商圏が異なります）。駅から離れている立地であれば，近隣の住宅が主なターゲットになるケースが多いといえます。

　右図の通り，さまざまな項目で比較していますが，ここで取り上げる項目は，比較のための基本情報と，対象店舗の差別化要因となる強み・弱みが明確になる項目です。具体的には，前述した「基本情報」と「店舗の機能」「4P」の中から，特徴的なものを抜き出します。それ以外の項目を追加してもかまいません。業種や，その店の特徴に応じて，項目を選択してください。

　右図の例は，調査対象が「高級肉屋」であり，その競合他社として，近隣で同じ肉を販売している駅前スーパーと，駅前の肉屋を比較しています。この肉屋に合う差別化要因の項目として，「立地」「品揃え」「販売力」「価格」「ターゲット」「店のイメージ」としています。肉屋の場合は，特に「品揃え」「価格」「肉の質」が特徴であり，これらの特徴に応じたターゲット顧客が存在します。

競合他社分析(例:生肉小売)

(4) 競合他社分析

当社店舗周辺地図	当社店舗周辺の地図(A、B、Cの位置が示されている)		
地図の番号	(A)	(B)	(C)
店舗 店名	当社店舗	A肉店	Bスーパー
店舗 写真	自社店舗 店舗写真	競合A肉店 店舗写真	競合Bスーパー 店舗写真
店舗 売場面積	約8坪 (作業場込で24坪)	約5坪	肉売場は約3坪
営業時間	9:00〜19:00 (定休日:12/31〜1/3)	10:00〜21:00 (定休日:毎週金曜日)	10:00〜23:00 (1/1定休日)
立地	狛江駅 徒歩5分	狛江駅 徒歩0分	狛江駅 徒歩0分
商品の特徴・品揃え	・黒毛和牛のA4 牝牛にこだわった商品 ・品揃えは少ない ・「焼肉セット」など、他社にはない商品作りも実施	・国産和牛A3レベル、輸入牛 ・品揃えは多い ・揚げ物の惣菜も販売	・国産和牛 去勢B3〜B4、輸入牛 ・品揃えは多く、肉以外のさまざまな商品を同時購入可能
販売力	・ポイントカードによる再来店 ・高級肉に特化することで、高級志向の顧客を取り込む ・接客は少々無愛想	・店前に大量のPOPで価格訴求を実施 ・対面販売で、顧客との会話で関係性を築き、多くの地元の固定客がいると想定される	・安売りチラシによる集客 ・価格は圧倒的に安い
価格	高い	普通(安い商品もある)	圧倒的に安い
ターゲット	周辺住民の高級志向の主婦	周辺住民の対話重視の主婦	・周辺住民の多忙で価格訴求の男性・女性全般
店のイメージ	高級肉屋	町のお肉屋さん	安売りスーパー チェーン展開しており、知名度は高い

12-14

卸売
卸売の機能と競合他社分析

　卸売業では，卸売の機能と，それを踏まえた競合他社分析について整理します。

● 卸売業の分析内容

　卸売業は，インターネットの普及や，メーカーと消費者との直接取引の増加により，「中抜き」と呼ばれる，卸売を通さない取引が増加しており，卸売業は不要とする「問屋不要論」が叫ばれています。そのような中，いかにメーカーと小売店の双方にとって，必要な存在であるかが，生き残りのポイントになります。

　近年の卸売業の役割は，以下の中でも特に，差別化として「情報伝達機能」と「リテールサポート機能」の重要性が高まってきています。

卸の機能	機能の説明
調達・販売機能	・メーカーから商品を調達し，メーカーに代わって小売業に販売する機能 ・メーカーにとっては販路の開拓，小売業にとっては，売れる商品を探し出して紹介する，という役割がある
在庫機能	・メーカーから仕入れた商品を大量に保管する機能 ・在庫商品の品揃えがポイントとなる
物流機能	・メーカーから仕入れた商品を，仕分けして小売へ配送する機能 ・大口小売店からの要望が高まっている，短納期かつ多頻度小口配送に応えるには，この物流機能と在庫機能が充実していることが重要である
情報伝達機能	・メーカーに対し，どこの誰に，どの商品が，どの程度売れているか，という情報を伝え，新商品開発や生産調整に役立たせる ・小売に対し，他の小売の売れ筋情報の提供や，新商品の迅速な情報を伝えることで，売上アップを支援すること
リテールサポート機能	・小売の売上アップの支援を行う機能 ・主な機能として，①新商品・売れ筋・競合情報の提供（＝情報伝達機能），②従業員教育や店員派遣，③店舗の内外装，売り場づくりや販促（POP・陳列），④販促活動の支援

卸売の機能と競合他社分析（例：雑貨卸）

		当社	競合A社	競合B社
基本情報	社員数	5人	6人	80人
	販売エリア	福島県内	福島県内	全国
	ターゲット	・大手P社がメインであるが，中小零細も実施	・商店街等，昔からある中小零細企業に特化 ・大手小売と取引せず	・大手との取引に特化し中小小売との取引無。大量仕入で価格競争力あり
需要調整機能		○ ・満たしている	○ ・満たしている	○ ・満たしている
調達・販売機能		△ ・新商品を紹介するが，大手卸売よりも情報は遅いため，他社に先行される	○ ・消費者の視点から見て売れる商品を探し出して小売業者に紹介している	○ ・新商品をいち早く紹介している
在庫機能		△ ・大手P社に特化した在庫だが，新たな商品の要求に対する迅速な対応に課題	× ・在庫は定番商品のみ	○ ・さまざまなメーカーの，多様な製品在庫を保有し，顧客からの新たな提案依頼にも迅速に対応できる
物流機能		○ ・P社向け，および近隣は自社所有の車で配送 ・山岳・長距離配送は業者を活用	○ ・すべて自社配送	○ ・専門流通業者を活用
情報伝達機能		○ ・近隣大手小売の情報提供 ・近隣の大手小売店に定期訪問し，①品揃え，②価格，③棚割りを確認し，P社へ情報を提供している	○ ・顧客ニーズ・ウォンツ，およびそれらに適合した商品情報の提供	○ ・さまざまなメーカーの商品，取引のある他社小売店の実績情報の提供
リテールサポート機能		○ ・売場のプロモーション（POP作成，棚割り提案）	× ・実施せず	△ ・棚割りの修正
価格		△ ・大手P社は，メーカーが価格を決定するため固定 ・中小とは個別折衝	× ・個別折衝	○ ・大手の多くは，メーカーが価格を決定するため固定

ケース・スタディ

事例 12　ブライダル関連会社

創　業	1970年代	社員数	20名
売上高	1億9,000万円	借入金	4,800万円
経営者	社長（50代男性）		

　挙式や披露宴の演出，演出に必要な工事，機材レンタル，スタッフ派遣等，ブライダル関連事業を行う会社の事例です。

　当社は特定顧客への依存度が高く，上位3社で4分の3の売上を占めていました。近年婚姻件数の減少で結婚式場の取扱い件数が大幅に減少し，業績は悪化していきました。そしてさらに，東日本大震災によって全国に自粛モードが広がり，4～6月の繁忙期に売上が伸びず，資金繰り難を招きました。

　ブライダル業界の特徴として「協賛金」という制度があります。新規で式場を建設する際に，式場側は各業者に対して数百万円～数千万円の協賛金を要求し，その見返りに，複数年の取引固定化を約束するものです。そのため，取引業者は一定期間の安定収入が確保できますが，多額の初期費用がかかり，かつ途中での参入が困難になります。

　当社は，すべて正社員で賄っているため，仕事を与えるため必要のない業務を作り出している状況でした。まずはこの固定費の流動化をしなければ，直近の資金繰り難を乗り越えられません。そして，他の式場への参入は困難ではありますが，当社オリジナルかつニーズの高いサービスがあり，それらに絞って丁寧に提案営業を行って，新規開拓をしていくことが必要になります。

第13章

事業調査報告書とSWOT分析

13-1　SWOT分析

13-2　今後の方向性

13-3　具体的改善施策（案）

13-4　窮境要因の除去可能性

13-5　サマリー

13-1
SWOT分析

　内部環境分析の後は，SWOT分析を行います。SWOT分析は，事業調査報告書では，今まで調査・分析を行ってきた結果の「まとめ」として活用します。つまり，今までの調査・分析は，外部環境分析では機会と脅威を発見するため，内部環境分析では強みと弱み（問題点）を発見するために行っていて，ここで，これらを一覧できるようにまとめるわけです。

●SWOT分析の内容

　SWOT分析は，経営戦略やマーケティング戦略を策定する際に活用されるフレームワークで，Strength（強み），Weakness（弱み），Opportunity（機会），Threat（脅威）の頭文字を取ったものです。また，強み・弱みとは，その企業の内部環境で，自社でコントロール可能な内容を示します。機会・脅威は，その企業の外部環境であり，自社でコントロールができない内容です。

　強みと弱み，機会と脅威の内容について，以下にまとめます。

	強み（Strength）	弱み（Weakness）
内部環境	・自社の強み，得意とするもの ・他社より優れたもの ・他社ができない自社の独自性	・自社の弱み，問題点 ・他社より劣っているもの ・当社ができない他社の強み
	機会（Opportunity）	脅威（Threat）
外部環境	・当社に優位になる外部環境 ・競合に不利益になる外部環境 ・顧客のニーズ，ウォンツ，悩み，不満等で，当社が実現できる内容	・当社に不利益になる外部環境 ・競合にとって利益になる外部環境 ・顧客のニーズ，ウォンツ，悩み，不満等で，当社が実現できない内容

　SWOT分析のまとめ方は，右図の通り，調査項目に沿って明記していきます。

SWOT分析（例：金属加工会社）

Ⅵ SWOT分析

強み（Strength）	弱み（Weakness）
【収益／財務構造】 ① 営業利益は5期連続で黒字を確保 ② 従業員1人当たり粗付加価値額は高い ③ 販管費削減額は4年で16.9百万円の実績	【収益／財務構造】 ① 売上高（特に大口顧客）が減少傾向 ② 大口顧客の売上構成比が高い ③ 粗利率が減少傾向 ④ 売上高粗付加価値比率が低い ⑤ 経常利益は2期連続マイナス ⑥ 簡易CFが2期連続マイナス ⑦ 売上高借入金比率が高く、借入負担大 ⑧ 棚卸資産回転期間は業界平均の3倍 ⑨ 短期的な資金繰りが厳しい
【経営，組織，人事】 ① 社長は「経営理念」「顧客に思われたい自社の価値イメージ」通りの活動を実施 ② 社員同士は仲が良い ③ 総務部の会計の知識は高く、処理スピードは速い ④ 組織は簡素で意思決定が早い体制	【経営，組織，人事】 ① 社長はリーダーシップ欠如，経営者としての取組み希薄 ② 収益管理・PDCAを回す体制未構築 ③ 教育体制が未構築 ④ 給与や評価，昇進のしくみ未構築 ⑤ 属人的で個人主義，緊張感のない社風
【営業】 ① 見積段階で図面の作成が可能 ② さまざまな加工を一括請負 ③ 社長の加工・素材の高い知識と提案力 ④ 既存顧客との関係性は強い	【営業】 ① 見積の計算方法が不的確 ② 営業の見積作業の負荷が膨大 ③ 新規開拓，既存横展開の営業が未実施 ④ 営業・販促資料の内容が不十分 ⑤ 社長以外は提案力が低い
【製造】 ① 外注先の技術力が高い	【製造】 ① 5Sが未徹底 ② 顧客への図面チェックが未徹底 ③ 効率的なルーチンが未確立 ④ 製造部のスキルが低い ⑤ 管理業務全般が未実施
機会（Opportunity）	脅威（Threat）
① 中小企業の景気は改善傾向 ② 特注品で、見積時の図面作成の負荷が高いため競合が少なく独占に近い市場 ③ 修理・リピート案件は必ず受注がくるため、価格コントロール可能	① 海外メーカーの技術力向上 ② 顧客の低価格志向 ③ 大口顧客が一部業務を海外移転 ④ 特注品のためリピートは望めない ⑤ リピート品も数は望めない

13-2
今後の方向性

● 今後の方向性と具体的施策（案）の意義

　SWOT分析の後は，「今後の方向性」と「具体的施策（案）」です。これをベースに，アクションプランを作成し，具体的な再生に取り組んでいくことになります。

　事業DD（事業調査報告書）は，企業を再生するための情報を得るために行うもので，企業を再生するには，報告書で細かく分析するだけでは不十分です。再生企業にとって本当に必要なことは，この調査を踏まえ，企業が再生できるための施策を構築することです。ただし，この方向性と施策を構築するには，作成する側のコンサルタントに，高い知識と経験が必要となります。なぜなら，経験がなければ，改善のゴールが描けませんし，知識やノウハウがなければ，ゴール到達までの道筋や手法を提示することができないからです。再生企業にとって最も重要な，再生のための具体的施策の提案は，再生コンサルタントにとって，腕の見せどころになります。

● 今後の方向性の内容

　報告書の流れとしては，まずは再生するための概要を示す「今後の方向性」があって，次に，この方向性を具体的な施策に落とし込んだ「具体的施策（案）」になります。これらの作成のポイントは，「今後の方向性」については，経営・組織・営業・製造の各項目別に方向性を示すこと，そして「具体的施策（案）」については，各問題点の改善施策等を示すことです。そして，経営については，「ビジョン」あるいは「自社の価値イメージ」を提示して自社の望ましい姿を示し，「経営戦略」あるいは「事業方針」を提示して方向性を示すと，さらに丁寧な提案になります。

事業の方向性の明記の仕方は，下記の通りです．方向性を3～5項目程度示して，その後に，各々の項目を実施すべき理由を詳細に明記します．

今後の方向性（例：金属加工会社）

Ⅶ 窮境要因除去の可能性と今後の方向性

1．今後の事業展開の方向性
　前項までに展開した会社の現状を踏まえ，今後当社が事業を再建していくための方向性を検討すると，大きく以下の4点であるといえる．

【事業の方向性】
(1) 経営体制と管理体制の再構築
(2) 組織体制と業務フローの再構築
(3) 営業施策の見直し
(4) 製造部門の管理体制構築とスキル向上

　1つめは経営体制の再構築と管理体制構築である．社長は現在一営業マンとして活動しており，自分の担当する顧客の対応に追われ，経営者としての取組みを行っていない．ビジョンの明確化，経営戦略構築，PDCAを回すしくみの構築，事業運営を円滑化させるための組織体制の見直しなど，社長としてやるべき業務は多々ある．しかし，長年このスタイルで事業を運営しているため，現在の社長1人で経営の舵取りは実質困難と判断する．そのため，まずは，経営幹部を外部あるいは内部で1～2名登用し，経営幹部の体制を作る．この経営幹部で再生を進めていく．具体的には，まずは，経営理念を踏まえ，ビジョンを明確にして経営戦略を構築する．例えば，ビジョンは「1年後，現在の営業マンの加工と素材の一定のスキルを身につけさせ，既存顧客への新たな提案・横展開を促進させる」等である．経営戦略は，「当社の強みを磨き，当社の強みを既存顧客に浸透させる営業活動を強化して，既存の横展開を図り，合わせて新規開拓も行う」などの方向性を明らかにすることである．そしてさらに，顧客別の予算を作成し，毎月振り返りを行って実績と予算との差異を明らかにして，常に現状を把握し，予算未達等の原因を探り，タイムリーに改善行動を起こす，というPDCAが回るしくみを構築する．

　2つめは，組織体制と業務フローの再構築である．現在組織上では各部門に部門長が存在しているが，実際は各部門長も一担当者として活動している（これは社長自身が一営業マンで活動しているから周囲も同調するのである．したがって上記の通り，社長が経営に取り組むことが先決）．また，各部門の役割が不明確なため，業務間の連携がスムーズにいかず，業務が非効率になっている．そこで，各部門の役割を明確にし，部門長に責任を負わせ，現在の課題は何かも合わせて明らかにする．具体的には，………

13-3
具体的改善施策（案）

●具体的施策（案）の導き方

　ここでは，具体的施策（案）について，さらに詳細に説明します。
　「具体的施策」とは，この企業が再生するために何をすべきかを示したものですが，それは大きく2つあって，①問題点の改善と，②（機会・顧客のニーズを捉えて）強みを活かした施策です。企業の現場で問題点を解決するには，内部環境分析で抽出したさまざまな問題点を，一つひとつ丁寧に改善していくしかありません。再生の実務というのは，地道な作業の繰り返しなのです。ただ，それだけでは，再生は困難です。それは，競争の激しい市場で生き抜いていかなければならないから，そして，借入の負担が大きいため，正常企業よりも多くの利益率を稼がなければならないからです。そのためには，機会や顧客のニーズを捉え，自社の強みを活かしたマーケティング戦略が必要になります。つまり，具体的な営業活動や販売促進を強化して，売上を伸ばしていかなければならないのです。
　このように，問題点を改善する具体的施策を構築し，合わせて強みを活かした具体的施策を構築します。そしてこの時に，3C分析や事業戦略（市場浸透戦略や新市場開拓戦略，差別化集中戦略）をしっかり意識して構築することが重要です。
　「具体的施策（案）」の記載方法は，右図の通りです。今後の方向性の項目ごとに具体的施策をあげていくのですが，左側に具体的施策，右側に施策の詳細説明や補足等を明記します。

具体的施策（案）（例：金属加工会社）

(1) 経営体制と管理体制の再構築

経営体制の構築	・社長以外の経営幹部を社内，社外から1～2名登用し，経営幹部の体制を構築する。このメンバーで，今後の再生を断行する。 ・なお，当社はさまざまな課題があり，早急に対策が必要な状況であるため，社外から専門家の支援を受けることが望ましい。
経営理念の浸透	・経営理念である「顧客との関係性を大切にし，常に全力で顧客の要望に応じる」の社内浸透を図る。 ・また，顧客に思われたい自社の価値イメージである「『狛江電機は何でも知っている』『狛江電機に相談したら，何とかしてくれる』という，専門性が高く，頼れる会社と思われる会社」も合わせて社内に浸透させる。 ・毎日朝礼を開催する等により，日々上記内容を発信し，日々の業務でも上記を踏まえた指導を行うことで，会社全体で，日常業務の中で意識するよう，社員の意識改革を促す。
ビジョン構築	・1～5年程度のビジョンを構築する。具体的には，まずは当社の強みを会社全体に浸透させ，磐石なものにするために「1年後，現在の営業マンの加工と素材の一定のスキルを身につけさせ，既存顧客への新たな提案・横展開を促進させる」を掲げる。 ・その他，組織全体，製造部についてもビジョンを設定する。
経営戦略の立案	・経営戦略を立案する。 ・具体的には，「まず当社の強みを磨き，当社の強みを既存顧客に浸透させる営業活動を強化する（市場浸透戦略）。続いて，既存の横展開を図り，さらに新規開拓も行う（新市場開拓戦略）」とする。
顧客別予実管理の実施	・顧客別に予実管理を実施し，毎月振り返りを行う。振り返り会議の中で，予算，実績とその差異の定量情報に加え，実際の現場の状況である定性情報を確認して，タイムリーに現状把握を行えるしくみを整える。そして問題点や課題があれば，即改善行動が取れる体制を構築する。なお，これが，経営における「PDCAが回るしくみ」である。

………

13-4
窮境要因の除去可能性

●窮境要因の除去可能性の内容

　報告書の最後は「窮境要因の除去可能性」です。窮境要因とは，その企業が再生に陥った真の要因であり，さまざまな問題点の原因です。この窮境要因を除去しなければ再生は実現しません。そしてこの章で，この企業は実際に再生可能かどうかの判断を明記します。

　再生企業は，前述した具体的施策を実行すれば，ほとんどの企業が再生可能ですが，銀行が全面的に支援することが前提になります。そのため，例えば，大口顧客の売上がなくなって売上が半減してしまって，企業規模を大幅縮小せざるを得なくなった場合，「今後の約定返済は困難であるが，金融支援が受けられれば，規模を縮小して事業の継続は可能である」と正確に明記して，銀行に判断を委ねなければなりません。このような場合でも，メインバンクが支援する姿勢を示せば，再生は可能です（経営者が諦めたら話は別ですが）。そして，再生のためのシナリオが，「今後の方向性と具体的施策（案）」で記載したものになるわけです。事業調査報告書では，金融支援のレベルについては明言しません。ですから，右の文章の通り，「前述した施策への取組みを確実に実施し，やり続けること」そして「必要な金融支援が受けられること」を条件として，「再生は十分可能であると思料する」と締めくくることができるのです。

　この項目の明記の仕方は，文章の構造を決めて書くと書きやすくなります。右図に，その構造と具体例を示します。

窮境要因の除去可能性の構造

①	冒頭の文章
②	外部環境の問題点
③	内部環境の問題点
④	当社の強み
⑤	社長の取り組む姿勢
⑥	今後の可能性の判断規準
⑦	除去可能性の判断

窮境要因の除去可能性（例：金属加工会社）

2．窮境要因の除去可能性

　これまで分析してきたように，当社の現在の窮境は，さまざまな要因が関係している。①
　外部環境では，長引くデフレによる市場全体の低価格志向により，当社として利益率向上に取り組むことができず，長い間低利益から脱却できずに収益を悪化させていった。また，リーマンショック，東日本大震災という，大きな不可避事態が立て続けに起きたことで，業績を悪化させていった。②
　しかし，それだけではなく，さまざまな内部環境にも大きく起因している。社長のリーダーシップの欠如，経営への取組みの欠如により，組織的な取組みが行われず，属人的，個人主義的な社風を作り上げてしまった。その結果，さまざまなところで事業の非効率を生み，個人の負担が増加していった。長年，しくみ・体制への取組みが行われず，「忙しくても儲からない」という負のスパイラルに陥った。また，管理体制が構築できておらず，在庫未管理による資金繰り悪化，ロス未管理・残業未管理による利益圧迫を招いた。このような状況の中でも，改善への取組みが行われず，窮境状況に陥っていった。③
　ただし，当社はさまざまな強みを持つ。機械加工，表面処理，樹脂加工，硝子加工など，さまざまな加工に関する技術，素材のノウハウを持ち，これらすべてを含めた図面を製作し，ワンストップで請け負うことができる。見積段階で，顧客のイメージを図面に起こすことが可能である。これは他社で実施できるところはほとんどない。提案力，顧客の対応力も高く，顧客からの信頼は厚い。従来まで，これらの強みを内部で確実なものにする体制の構築と，強みの活かし方がわからなかったため，再生への取組みができなかった。④
　さらに，社長自身が危機感を感じており，再生への意識も高く，従来までの経営方針を反省し，改善に向けて非常に前向きに取り組む姿勢を見せている。⑤
　したがって，今後の当社の再生可能性は，前述した施策への取組みを，いかに確実に実施していくか，それらをやり続けられるかにかかっているといえる。⑥
　財務体質が悪化しているため，再生に向けて金融支援は必要となるが，必要な支援を受けることが可能であれば，その再生は十分可能であると思料する。⑦

以　上

13-5
サマリー

●サマリーの書き方

　サマリーとは，報告書の冒頭にあって，報告書の全体像を1～2ページ（基本1ページ）にまとめたものです。

　サマリーの全体像は右図の通りです。このサマリーの流れは，以下のようになっています。

①	問題点・窮境要因	現在当社はこのように，さまざまな問題点，窮境要因を抱えている
②	収益・財務の悪化状況	その結果，当社は，収益状況，財務体質がここまで悪化してしまった
③	強み 外部環境	ただし，当社にはこのようにさまざまな強みがある。機会もある
④	今後の方向性 具体的施策（案）	窮境要因を除去して問題点を改善し，機会を捉え，強みを活かした施策を実施すれば，再生は可能である

　上記の通り，全体の構成は大きく4つに分かれています。①問題点と窮境要因のまとめ，②収益・財務の悪化状況，③強みと機会・脅威のまとめ，④今後の方向性と具体的施策（案）です。こうしてまとめることで，この1ページで，この報告書の概要をある程度把握することができます。

　報告書は全体で40～50ページが平均ですが，すべてを詳細に読む人は少なく，人によっては，このサマリーしか見ない人もいます。したがって，このサマリーは非常に重要であり，明確で簡潔に，わかりやすく明記しなければなりません。また，合わせて内容の一貫性，合理性を示す必要があります。そのために，このように体系化して明記することが効果的です。

第13章 事業調査報告書とSWOT分析　229

サマリー（例：金属加工会社）

問題点・窮境要因

		窮境要因		問題点
	外部環境	(1) 不可避事態発生による影響（リーマンショック・東日本大震災）		
	内部環境	(2) 非効率な事業運営体制	組織	教育体制が未構築
			営業	見積の計算方法が不適正
				営業の見積作業の負荷が膨大
				社長以外は提案力が低い
			製造	5Sが未徹底
				顧客への図面チェックが未徹底
				効率的なルーチンが未確立
				製造部のスキルが低い
		(3) 改善・新たな取組みの意識の欠如	営業	新規開拓，既存横展開の営業が未実施
				営業・販促資料の内容が不十分
		(4) 管理体制の未構築	経営	収益管理・PDCAを回す体制未構築
				給与や評価，昇進のしくみが未構築
			製造	管理業務全般が未実施
		(5) 特定顧客への高依存体質	営業	大口顧客の売上構成比が高い
		(6) 経営体制の不備	経営	社長のリーダーシップ欠如，経営者としての取組み希薄
				属人的で個人主義，緊張感のない社風

収益悪化状況・財務の

	収益状況・財務体質		
収益状況	売上高（特に大口顧客）が減少傾向	財務体質	売上高粗付加価値比率が低い
	粗利率が減少傾向		売上高借入金比率が高く，借入負荷大
	経常利益は2期連続マイナス		棚卸資産回転期間は業界平均の3倍
	簡易CFが2期連続マイナス		短期的な資金繰りが厳しい

外部環境 強み

	強み		外部環境
組織	組織がスリムで意思決定が早い	機会	特注品で，見積時の図面作成の負荷が高いため競合が少なく独占に近い市場
	社長は「経営理念」「顧客に思われたい自社の価値イメージ」通りの活動を実施		修理・リピート案件は必ず受注がくるため，価格コントロール可能
	総務部の会計知識高く，処理スピード早い		
営業	見積段階で図面の作成が可能	脅威	海外メーカーの技術力向上
	さまざまな加工を一括請負		顧客の低価格志向
	社長の加工・素材の高い知識と提案力		大口顧客が一部業務を海外移転
製造	外注先の技術力が高い		特注品のためリピートは望めない

具体的施策（案）今後の方向性

	今後の方向性	具体的施策（案）
(1)	経営体制と管理体制の再構築	経営体制の構築
		経営理念の浸透
		ビジョンの構築
		経営戦略の立案
		顧客別予実管理の実施
(2)	組織体制と業務フローの再構築	組織の再編成
		各部門の役割，活動内容の明確化
		業務フローの見直し
(3)	営業施策の見直し	見積の計算方法の見直し
		営業施策の手順の明確化，手順通りの実施
		営業・販促ツールの作成
(3)	製造部門の管理体制構築とスキル向上	5Sの徹底
		生産スケジュール・納期管理の実施
		在庫管理の実施
		品質管理，ロス管理の実施
		残業時間管理の実施

ケース・スタディ

事例13　清酒製造（酒蔵）

創　業	1700年代後半	社員数	7名
売上高	1億円	借入金	2億1,000万円
経営者	社長（50代男性）		

　江戸時代創業の，地方の老舗酒蔵の事例です。

　社長の酒造りに対するこだわりが非常に強く，日本酒のコクを出すための昔ながらの製造工程を機械化で実現するために，平成元年頃から約7年間で，段階的に大規模な設備投資を行いました。その結果，それまで借入ゼロであったのが，1995年には10億円を超えました。売上は，1989年の7億円から1995年にはいったん8億円にまで伸びたのですが，消費者の日本酒離れが進行し，2000年には売上が4億円を切るまでに落ち込みました。そこで社長は，従来の問屋の取引を停止し，特約代理店へ販路を集中しました。その結果，売上は1億円まで落ち込んでしまい，さまざまな経費削減に取り組んで，何とか事業を継続してきました。

　販売の質向上のために特約代理店へ集中したわけですが，これはブランドが確立していなければ成り立ちません。当社は地元の狭い地域でもその銘柄の浸透は不十分な状態でした。さらに，その商品の価値を伝える育成のしくみも確立していません。極端な経営判断が業績悪化を招いてしまいました。

　差別化された商品であるため，ターゲットやシーンも想定しながら，自社のこだわりや価値を伝えていくという，地道な提案活動を行って，販路を開拓していく必要があります。

第14章

アクションプランと事業計画書

- 14-1　アクションプランの作り方
- 14-2　事業計画書の作り方❶
　　　　顧客別・商品別売上
- 14-3　事業計画書の作り方❷
　　　　予測PL

14-1

アクションプランの作り方

　本章は，事業調査報告書作成後に作成する，アクションプランと事業計画書の作り方について，簡単に説明します。
●アクションプランの構成と作り方
　調査報告書で「具体的施策（案）」を明記しましたが，その内容について相手企業とすり合わせを行い，具体的施策を決定して，アクションプランを作成します。このアクションプランを着実に実施することによって，再生を実現させるわけですから，しっかりと吟味して作成する必要があります。
　アクションプランの内容は，前述した通り大きく2つあって，①問題点の改善と，②（機会・顧客のニーズを捉えて）強みを活かした売上アップの施策，です。これら問題解決と売上アップの具体的施策が，一つひとつのアクションプランになるわけです。
　フォーマットは右図の通りです。内容は，「項目」→「施策」→「詳細」と段階的に明記し，具体的な内容が詳細にわかるように明記します。注意が必要なのが，この施策の項目を抽象的で曖昧な内容にしてしまうと，実際に現場でどのような施策を実施すればよいかがわからず，適当な施策を行って「実施済み」とされるおそれが出てきます。重要なのは，「アクションプランを実施したかどうか」ではなく，「実際に再生につながる施策を実施しているかどうか」であり，その「質」が重要になるのです。ですから，アクションプランは，可能な限り「具体的」に明記することが重要です。
　次の項目は「実施責任者」です。この施策を，誰の責任で実行するかを明記します。そしてその後は「実施期間」です。施策の優先度を決め，実行する期間を具体的に決めます。実施責任者を誰にするか，いつから開始

するかは，しっかりと会社とすり合わせをして決めていくことが重要です。フォーマットはガントチャート形式ですので，上段にいつからいつまで実施するかの計画を明記し，下段で，実際に実行されたかどうかの実績を記載し，毎月計画通りに実施されているかのチェックを行います。

アクションプラン（例：小売）

項目	施策	詳細	実施責任者	期間		H26年 10月/11月/12月	H27.3期 H27年 1月/2月/3月
経営責任	経営者責任	山田太郎社長の，①代表取締役退任，経営から撤退，②株式売却（妻分含む），③自宅売却，④売却費用を会社に貸付け，求償権放棄	社長	詳細時期は未定	計画 実績		
組織	築地の撤退	赤字体質で短期的な改善が見込めない店舗撤退	社長	H26.10〜	計画 実績		
	実質的経営権の移行	実質的経営権を山田太郎代表から山田次郎専務へ移行	専務	H26.10〜	計画 実績		
数値管理	事業別採算性（事業別PL）の作成	小売，卸，各々について，営業利益まで把握できる事業別PLを作成	専務	H27.1〜	計画 実績		
	商品別売上・数量管理の実施	弁当の商品別販売数，売上の管理の徹底	専務	H27.1〜	計画 実績		
	ロスの削減	精肉で売れ残りの可能性が出てきたものについて，早期に惣菜・弁当へ活用	専務	H27.1〜	計画 実績		
人件費削減	業務内容の見直し，業務改善	小売の顧客の時間帯別来店数の把握 商品の単品管理の実施	専務	H26.10〜	計画 実績		
	日々のスケジュール管理の徹底	小売のパートの時間別配置の徹底	専務	H26.10〜	計画 実績		
	人員の選別と整理	上記にともなう小売の人員入れ替え，削減	専務	H26.10〜	計画 実績		
経費削減	給与削減	社員の入替え，社長給与減額	専務	H26.10〜	計画 実績		
	社員の昼食代支給を停止	昼食は，自社の弁当の支給に変更	専務	H26.10〜	計画 実績		
	経理ソフト導入 経理業務を自社で実施	毎月の経理業務を自社で実施（毎月の会計事務所へ支払8万円削減）	専務	H26.10〜	計画 実績		
卸改善	FAX DM実施	近隣の「とんかつ屋」「居酒屋」へFAX DMを送付して新規開拓	専務	H27.4〜	計画 実績		
小売改善	コンセプト再設定	小売のコンセプトを，「地域交流型」「やや高級」「安全」の肉屋へ転換	専務	H26.10〜	計画 実績		
	ニュースレター実施	2ヶ月に1回発行，商圏内へポスティング 当店の情報発信により，顧客との関係性を構築する	専務	H26.10〜	計画 実績		
	弁当の新メニュー開発	弁当の新メニュー開発	専務	H27.1〜	計画 実績		
	接客対応の改善	顧客とのコミュニケーションを図るよう社員を育成	専務	H26.10〜	計画 実績		
	SNSの積極的活用	Facebook，ブログを週数回の頻度で更新 当店の情報発信により，顧客との関係性を構築する	専務	H26.10〜	計画 実績		

14-2
事業計画書の作り方❶
顧客別・商品別売上

●**顧客別・商品別売上**

　事業計画書作成で，経費の削減案と合わせて重要なのが，売上高の計画です。この計画をいかに精密に作成するかが，計画全体の精密性に大きく影響します。とはいっても，売上高の見込みを作るのは容易ではありません。特に法人企業向けに商売をしている場合は，売上の予定は相手企業の経営状況や方針に大きく左右されます。得意先企業の方針転換で，大得意先がいきなりゼロになることもあるのです。それによって年間の売上が大きく変わることもあります。したがって，売上の予測は，わかる範囲で詳細に作成します。そのために，得意先別，あるいは商品別に分けて，経営者が現場の状況を詳細に把握できるように分解します。そして，この顧客別・商品別の計画は，今後の予実管理にも活用します。年間計画を立て，月別に展開し，毎月の予算に対する実績を比較する振り返りを行います（前年比での比較も重要）。そして予算未達や前年同月比で減少している場合，その定性要因を探ってタイムリーな改善行動につなげるわけです。

　以下に，顧客別売上計画の作成手順を記載します。

●**顧客別売上計画作成の手順**

> ① 顧客別の売上実績を，過去3年分整理する
> ② 今期分の現在までの顧客別売上の実績を整理する
> ③ 顧客別の今後のトレンドと状況（備考）を明記する
> ④ ①～③を踏まえ，今期（計画0期）の売上見込みを作成する
> ⑤ 計画1～3期の売上見込みを作成する

第14章 アクションプランと事業計画書 235

顧客別売上見込み（例）

■顧客別売上計画（年次） (単位：千円)

	A	① D	② E	④ F	⑤ G	⑤ H	⑤ I	③ J	③ K
	得意先	H26.3期 実績	H27.3期 4ヶ月実績 (4～7月)	H27.3期 計画0期	H28.3期 計画1期	H29.3期 計画2期	H30.3期 計画3期	トレンド	備考
1	A社	13,255	3,953	12,000	12,000	12,000	12,000	横ばい	今後も安定売上
2	B社	11,043	2,873	10,000	10,000	10,000	10,000	横ばい	今後も安定売上
3	C社	10,775	3,756	11,000	11,000	11,000	11,000	横ばい	今後も安定売上
4	D社	9,597	4,012	13,500	13,500	13,500	13,500	増加	競合からの乗り換えで増加予定
5	E社	8,205	558	3,000	3,000	4,000	4,500	減少	設備を中国へシフト，大幅減少
6	F社	7,530	8,923	10,000	10,000	10,000	10,000	増加	独自基準採用より独占，今後増加
7	G社	2,193	166	1,100	1,100	1,100	1,100	減少	相手企業の都合のため減少傾向
8	H社	1,344	392	12	12	12	12	横ばい	今後も安定売上
9	I社	1,192	1,127	1,500	1,500	1,500	1,500	横ばい	今後も安定売上
10	J社	807	1,105	1,110	1,110	1,110	1,110	横ばい	営業強化で新規案件獲得で増加
11	K社	771	839	850	850	850	850	増加	同上
12	L社	550		800	800	800	800	増加	同上
13	M社	280		320	320	320	320	増加	同上
14	N社	602	149	300	300	300	300	減少	相手企業の業績悪化により減少
15	O社				300		300	3年毎	3年に1回案件発生
16	P社					450		3年毎	3年に1回案件発生
17	Q社		35	300	500	500	500	増加	新規，来年度本格受注見込み
18	R社			400	400	400	400	増加	今期から案件復活予定
19	S社							ゼロ	同社の方針転換により見込みなし
20	T社							ゼロ	単発のため今後見込み低い
21	U社	193						ゼロ	同上
22	V社	12						ゼロ	同上
23	W社							ゼロ	同上
24	X社							ゼロ	同上
25	Y社							ゼロ	廃業
26	Z社							ゼロ	廃業
	新規顧客				200	300	300	増加	営業強化により微増
	合計	68,349	27,888	66,492	67,042	67,692	68,492		
	顧客数	16	13	17	18	17	18		

14-3

事業計画書の作り方❷
予測PL

●将来のPLを作成する

　顧客別（商品別）売上計画が完成したら，次は将来のPLである事業計画書（経営改善計画書）を作成します。事業計画書を作成することで，どの程度利益が出るかを確認し，銀行への返済計画を立てます。ただし，再生企業では，営業利益がマイナスである企業も少なくありません。その場合，アクションプランを踏まえ，どの程度の期間で黒字化できるのかを確認します。そして会社の業績に合わせて，金融支援を受けながら，その利益の範囲内で銀行へ返済することを約束しなければなりません（通常の返済分はFCFの8割程度）。ですから，もしここで，今後黒字化の見込みが立たず，返済計画が作れない，という状況になった場合，最悪のケースとして，銀行が支援を打ち切る判断をする可能性も出てくるため，注意が必要です。

●予測PL作成の手順

① 過去3年分のPLを整理する
② 「顧客別売上計画」で作成した売上見込みを明記する
③ 過去3年の実績から，原価率を設定する
④ 販管費について，固定費か変動費かの区別を行う
⑤ 販管費の各勘定科目について，今後の状況（備考）を明記する
⑥ 今期分の現在までの実績を明記する
⑦ ④⑤⑥を踏まえ，計画0期の販管費と営業利益を作成する
⑧ 計画1〜3期の販管費と営業利益の見込みを作成する
⑨ 営業外損益（特に支払利息）を算出し，経常利益を導く

※減価償却費は，顧問税理士から数値を入手する

第14章 アクションプランと事業計画書 237

予測PL（例）

■PL計画（年次） (単位：千円)

	A	B	E	F	G	H	I	J	K
	市村商店	変動費固定費区分	H26.3 実績	H27.3 4〜7月 4ヶ月 実績	H27.3 計画 0期	H28.3 計画 1期	H29.3 計画 2期	H30.3 計画 3期	備考
1	売上高		68,349	22,164	66,492	67,042	67,692	68,492	大口顧客E社が5百万減により、H27.3期は減少見込み
2	(前年比)		128.0%		97.3%	100.8%	101.0%	101.2%	
6	売上原価	変動	39,115	12,744	38,233	38,549	38,923	39,383	
7	(売上高原価率)		57.2%	57.5%	57.5%	57.5%	57.5%	57.5%	
8	期首棚卸高		225		250	250	250	250	
9	仕入高								
10	当期製品製造原価		39,140	12,744	38,233	38,549	38,923	39,383	
11	▲期末商品棚卸高		250		250	250	250	250	
12	売上総利益		29,234	9,420	28,259	28,493	28,769	29,109	
13	(売上高総利益率)		42.8%	42.5%	42.5%	42.5%	42.5%	42.5%	
14	販売管理費		27,488	9,387	28,160	27,815	27,764	27,674	
15	(売上高販管比率)		40.2%	42.4%	42.4%	41.5%	41.0%	40.4%	
16	役員報酬	固定	10,800	3,600	10,800	10,800	10,800	10,800	固定
17	福利厚生費	固定	176	83	250	250	250	250	固定
18	(人件費合計)		10,976	3,683	11,050	11,050	11,050	11,050	
19	(売上高人件費比率)		16.1%	16.6%	16.6%	16.5%	16.3%	16.1%	
20	旅費交通費	変動	98	37	110	111	112	113	H24〜H26の売上高比を基準
21	通信費	固定	532	210	630	630	630	630	H24〜H26の売上高比を基準
22	交際費	固定	330	93	280	280	280	280	中元お歳暮年始。2期平均
23	減価償却費	固定	320	433	1,300	926	840	706	
24	地代家賃	固定	6,312	2,200	6,600	6,600	6,600	6,600	月550千円
25	保険料	固定	1,498	500	1,500	1,500	1,500	1,500	前期と同等
26	修繕費	固定	178	73	220	220	220	220	H24〜H26の売上高比を基準
27	水道光熱費	変動	780	253	760	766	774	783	H26.3の売上高比を基準
28	消耗品費	変動	1,243	517	1,550	1,563	1,578	1,597	自社便増でガソリン代アップ H26.3の売上高比+0.5%を基準
29	租税公課	変動	138	59	177	178	180	182	前年度の売上高比で算出
30	運賃	変動	2,271	330	990	998	1,008	1,020	自社便増により減少 売上1.5%で固定
31	広告宣伝費	固定	19	67	200	200	200	200	広告は20万円で固定
32	賃借料	固定	1,785	595	1,785	1,785	1,785	1,785	前年と同額で固定
33	諸会費（その他）	固定	156	52	156	156	156	156	前年と同額で固定
34	新聞図書費	固定							
35	雑費	固定	852	284	852	852	852	852	前年と同額で固定
36	(一般管理費合計)		16,512	5,703	17,110	16,765	16,714	16,624	
37	(売上高販管費比率)		24.2%	25.7%	25.7%	25.0%	24.7%	24.3%	
38	営業利益		1,746	33	99	678	1,005	1,436	
39	(売上高営業利益率)		2.6%	0.1%	0.1%	1.0%	1.5%	2.1%	
40	営業外収益		350	117	350	350	350	350	前年と同額で固定
41	営業外費用		1,100	350	1,050	1,000	950	900	
42	うち支払利息		1,050	333	1,000	950	900	850	借入金の3%で設定
43	経常利益		996	−200	−601	28	405	886	
44	(売上高経常利益率)		1.5%	−0.9%	−0.9%	0.0%	0.6%	1.3%	

ケース・スタディ

事例14 しいたけ栽培の農事組合法人

創　業	1990年初頭	社員数	99名
売上高	2億6,000万円	借入金	4億7,000万円
経営者	社長（60代男性）		

　東北にあるしいたけの菌床栽培の農事組合法人の事例です。

　当社は，種菌を調達して，仕込み・培養・収穫・出荷まで一貫して行っています。本件の窮境要因は，立て続けに起きた震災等の被害です。平成20年の岩手・宮城内陸地震によって菌床は壊滅，被害は3億円～4億円にのぼりました。続いてその3年後に東日本大震災が起き，3億円を超える被害を出しました。さらに，震災後，ある原木しいたけから放射性セシウムが検出され，しいたけの需要が大きく減少しました。当社は原木栽培ではなく菌床栽培ですが，消費者にその違いはわからず，風評被害で需要全体が減少しました。これらを乗り越え，再生に取り組んでいました。

　非常に気の毒な事例ですが，効率的に再生を果たすためには内部環境の改善が必要です。当社の場合，品質管理に問題を抱えていました。商品はA～C品の等級に区別され，A品はC品の3倍の値が付きますが，当社はA品の生産率が低いのです。その要因を，生産工程を細かく区切って分析していくと，さまざまな問題点が可能性として挙げられました。しかし，震災復興への取組みが優先され，業務が雑になり，改善への取組みがなされていませんでした。経費のかからない問題点から1つひとつ丁寧に改善に取り組むことが必要になります。

【参考文献】
- 平野敦士監修／大間清浩著『Q&A 事業再生のための小売業の事業デューデリジェンス』（2011年10月，中央経済社）
- 藤原敬三『実践的中小企業再生論―「再生計画」策定の理論と実務〈改訂版〉』（2013年4月，きんざい）

【参考資料】
- 株式会社エネルゲイア「事業調査報告書事例」
- 株式会社ポジティブチェンジコンサルティング「超実践的事業再生コンサルタント養成講座マニュアル」
- 一般財団法人ブランド・マネージャー認定協会「ブランド・マネージャー養成講座マニュアル」

┌───┐
│   【読者限定特典】   │
│ 「事例サンプル」「事業DDフォーマット兼ヒアリングシート」│
│   「財務分析シート」のダウンロード方法   │
└───┘

　本書をご購入いただいた方に，特典として，事業DDの「事例サンプル（PDF）」，「事業DDフォーマット兼ヒアリングシート（ワード）」，および「財務分析シート（エクセル）」を，下記の方法でWebからダウンロードしてご利用いただけます。

① 　ブラウザを起動し，アドレスバーに下記URLを入力して，株式会社レヴィング・パートナーのホームページにアクセスします。

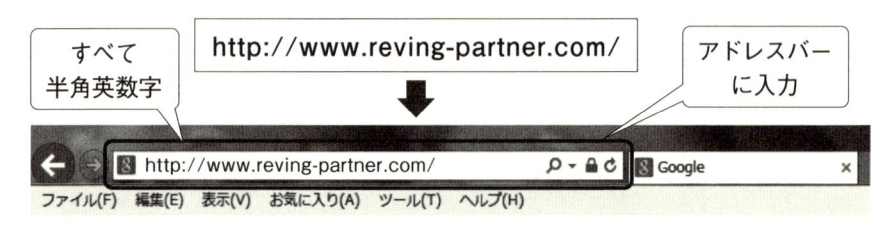

　　　すべて　　　　http://www.reving-partner.com/　　　アドレスバー
　　半角英数字　　　　　　　　　↓　　　　　　　　　　　　に入力

　　［アドレスバー: http://www.reving-partner.com/　　Google］
　　ファイル(F)　編集(E)　表示(V)　お気に入り(A)　ツール(T)　ヘルプ(H)

※URLを「検索」ボックスに入力しても検索されません。必ずアドレスバーに入力してください。

② 　表示された株式会社レヴィング・パートナーのホームページの【書籍「事業デューデリジェンスの実務入門」をご購入のお客様特典】の「いますぐダウンロードする」ボタンをクリックしてください。

> 書籍「事業デューデリジェンスの実務入門」をご購入のお客様特典
>
> 再生コンサルティングの質を高める
> **事業デューデリジェンスの実務入門**
> 寺嶋直史 著
> 中央経済社
>
> 「事例サンプル」
> 「事業DDフォーマット兼ヒアリングシート」
> 「財務分析シート」
> **いますぐダウンロードする**

③　以下のIDとパスワードを，画面に表示される「ID（あるいはユーザー名）」(*)と「パスワード」欄に入力して「OK（あるいはログイン）」(*)ボタンをクリックします。ID：978450　パスワード：2147814

④　申込フォームに必要事項を記入し，「申込」ボタンをクリックします。

⑤　「申込」ボタンをクリックしてしばらくすると，④で入力したメールアドレス宛にダウンロード案内のメールが届きます。メールの本文に記載されているURLにアクセスすると，「ダウンロードしますか？」(*)と表示されますので，許可してダウンロードしてください。

（*）ご使用のブラウザーによってコメントは異なります。

【著者紹介】

寺嶋 直史（てらじま　なおし）

事業再生コンサルタント，中小企業診断士。大手総合電機メーカーに15年在籍し，部門での社長賞等多数の業績賞獲得に貢献，個人では幹部候補にも抜擢される。2010年に事業再生コンサルティング会社の株式会社レヴィング・パートナーを立ち上げ，代表取締役に就任。現在は事業デューデリジェンス，業務改善，および売上アップのプロフェッショナルとして，全国のさまざまな業種の事業デューデリジェンスのほか，実際に中小零細企業の現場に入って，経営のしくみ構築，業務改善，売上アップなど，幅広い再生支援を行っている。著書に共著『社員をホンキにさせるブランド構築法』（同文舘出版）等がある。

ホームページ　http://www.reving-partner.com/
メール　info@reving-partner.com

【企画協力】
インプルーブ　小山睦男

再生コンサルティングの質を高める
事業デューデリジェンスの実務入門

2015年7月20日　第1版第1刷発行
2015年9月25日　第1版第2刷発行

著　者　寺　嶋　直　史
発行者　山　本　憲　央
発行所　㈱中央経済社
〒101-0051　東京都千代田区神田神保町1-31-2
電話　03 (3293) 3371 (編集部)
　　　03 (3293) 3381 (営業部)
http://www.chuokeizai.co.jp/
振替口座　00100-8-8432
印刷／東光整版印刷㈱
製本／㈱関川製本所

© 2015
Printed in Japan

＊頁の「欠落」や「順序違い」などがありましたらお取り替えいたしますので小社営業部までご送付ください。（送料小社負担）
ISBN978-4-502-14781-4　C3034

JCOPY〈出版者著作権管理機構委託出版物〉本書を無断で複写複製（コピー）することは，著作権法上の例外を除き，禁じられています。本書をコピーされる場合は事前に出版者著作権管理機構（JCOPY）の許諾を受けてください。
　JCOPY〈http://www.jcopy.or.jp　eメール：info@jcopy.or.jp　電話：03-3513-6969〉

········ **好評発売中** ········

すぐに使える！ **契約書のキーワード80** 結城哲彦 著／A5判・188頁	ビジネスマンが業務上最低限知っておくべき契約書の用語を図解・使用例を盛り込み平易に解説。
スマートフォン時代の法とルール ―ツイッター，ＳＮＳ，動画配信サービス，携帯電話のトラブルと解決策 清野正哉 著／A5判・244頁	日々進化する情報機器や情報技術にひそむ法律問題とその対応策を分かりやすく解説。
15のトピックでシンプルに学ぶ **英語会議の基本ステップ** 可兒鈴一郎・古屋武夫 著／A5判・202頁	15トピックとイラストで英語会議を再現し，すぐに使える表現を網羅。状況別英語表現集付き。
人事を変えれば会社は強くなる ―人事部真嶋潤平 角 直紀 著／A5判・240頁	普通の企業がどのように人材に関する施策を組み立てていくべきかをケーススタディで解説する。
まとめ役になれる！ **リーダーシップ入門講座** 小野善生 著／A5判・208頁	事例を織り込みながら基本的な知識と実践のためのヒントをわかりやすく解説します。
ネットビジネス進化論 ―ｅビジネスからクラウド，ソーシャルメディアへ 中村忠之 著／A5判・224頁	急速な進化を遂げているネットビジネスの本質とセキュリティ等の関連分野をコンパクトに解説。
7つのステップで考える **戦略のトータルバランス** 井上善海 著／A5判・224頁	戦略プロセスを7分類し，各々の戦略要素を書き込むことで最終的な戦略の仕組みを簡易に構築。
ストーカー・DV被害に **あっていませんか？** 馬場・澤田法律事務所 編／A5判・188頁	ストーカーやＤＶトラブルを解決するための制度・手続きを法律を知らない人向けに親身に解説。

中央経済社